Cristian A. Porcino Ferrara

"Altro e altrove"

Prima Edizione: Gennaio 2018

ISBN: 978-0-244-66004-8

In copertina: disegno di C. Porcino *Freedom*, 1997

"Ho sempre odiato i porci ed i ruffiani

e quelli che rubavano un salario

i falsi che si fanno una carriera

con certe prestazioni fuori orario

Canterò le mie canzoni per la strada

ed affronterò la vita a muso duro

un guerriero senza patria e senza spada

con un piede nel passato

e lo sguardo dritto e aperto nel futuro".

Pierangelo Bertoli

"I miei occhi, senza volerlo, finiscono sempre per vedere troppo. Vedono persino ciò che si vuole nascondere".

Banana Yoshimoto

"La mano che scrive vale quella che conduce l'aratro".

Arthur Rimbaud

Il Karma del vincitore

Occidentali's karma, canzone vincitrice del 67° Festival di Sanremo, sposa in pieno quanto sostenuto dal XIV Dalai Lama. In molte occasioni Sua Santità ha messo in guardia noi occidentali, e in particolare modo i cosiddetti 'buddisti cristiani', dal pericolo di "mettere la testa di uno yak sul corpo di una pecora". Tenzin Gyatso sostiene il valore della differenza, ed invita costantemente ad avere una conoscenza ben più approfondita della storia e della cultura religiosa d'origine. La nostra società sembra voler azzerare ogni diversità culturale fra le varie religioni per creare, invece, un mash-up ad uso e consumo delle mode. Ed è su questo che Francesco Gabbani vuol porre l'attenzione quando parla di occidentalizzazione di culture prettamente orientali. Nel 1979 Franco Battiato scrisse *Magic shop* per criticare un sentire religioso poco spirituale e molto più orientato ai desideri delle masse. Il cantautore siciliano descriveva questo assurdo bazar della spiritualità dove ognuno poteva acquistare pezzi di trascendenza a buon mercato.

"I Mantra e gli Hare Hare a mille lire / l'Esoterismo di René Guénon.

Una Signora vende corpi astrali /i Budda vanno sopra i comodini /deduco da una frase del Vangelo

che è meglio un imbianchino di Le Corbusier (...) Supermercati coi reparti sacri che vendono gli incensi di Dior

rubriche aperte sui peli del Papa".

Ogni religione merita il nostro rispetto, e proprio per questo non possiamo accostarci alla tradizione Orientale con superficialità ed ignoranza. In realtà il pregio del pezzo di Gabbani è proprio quello di aver fatto riflettere il pubblico attraverso una bella canzone distante anni luce dai soliti target sanremesi.

(13/02/2017)

Un dannato Eretico

Il 17 febbraio del 1600 moriva assassinato il filosofo Giordano Bruno. Bruno, giovane intellettuale meridionale, ebbe il coraggio di affermare la dignità del proprio pensiero fino alla fine dei suoi giorni. Il suo intelletto non era asservito ad alcuna logica di potere, ma solamente ispirato da un principio di Verità insito nella natura delle cose del mondo. Giordano Bruno non cedette all'offerta di aver salva la vita in cambio dell'abiura, bensì andò incontro alla propria morte che avvenne a Roma in Campo de' Fiori su ordine del Sant'Uffizio. In questa piazza venne allestito un rogo dove fu bruciato vivo il filosofo 'eretico'. A Bruno fu messa una maschera per non permettergli di parlare durante il martirio. La sua agonia fu atroce perché il suo corpo fu dilaniato dalle fiamme, e le sue grida non poterono uscire perché aveva 'la lingua in giova', una sorta di museruola che impediva alla sua bocca 'blasfema' di emettere suono. Non possiamo certamente dimenticare che nel 1923 papa Pio XI[1] proclamò santo e dottore della chiesa il

[1] Questo Sommo pontefice della Chiesa di Roma chiese più volte la rimozione della statua eretta a Campo de'Fiori in onore di Bruno. L'unico merito che riconosco a Benito Mussolini fu proprio quello di non cedere a quell'assurda richiesta della Santa Sede. Il monumento doveva restare lì per testimoniare l'assassinio di un pensatore libero ad opera della Chiesa. Ben prima di Pio XI anche Leone XIII si era prodigato per diffamare ancora una volta la memoria del filosofo di Nola e offuscare l'inaugurazione del suddetto monumento (1889).

cardinale Bellarmino. Roberto Bellarmino è lo stesso individuo che si adoperò in favore della condanna a morte del pensatore di Nola. Come premio per aver "con la sua spada sottomesso gli spiriti superbi" fu innalzato alla gloria degli altari! Dunque dopo il danno, la beffa!

Giulio Giorello, filosofo contemporaneo, chiede a papa Francesco di attuare un ripensamento critico proprio sulla figura di Bruno. Ben prima di lui anche il compianto cardinale Carlo Maria Martini chiedeva a Giovanni Paolo II di incamminarsi verso: «uno di quei ripensamenti critici che la Chiesa intende fare per la fine di questo millennio». Era il 1988 e nulla in tal senso avvenne. Si riabilitò Galileo Galilei ma non Bruno. Ovviamente questo ripensamento non deve suonare come perdono perché Bruno non ha nulla da farsi perdonare, se mai il contrario. Pertanto mi associo al desiderio di Giorello, ma credo che qualsiasi atto ufficiale della Chiesa contemporanea non potrà mai chiudere un capitolo storico così tanto orrendo e disgustoso del cattolicesimo romano.

(16/02/2017)

Una protesta che vale una vita!

Michele Valentini, 30enne, si è tolto la vita per lanciare un messaggio forte e chiaro ad una società, e a una classe politica sorda alle istanze dei più giovani. Non mi interessa sottolineare che suicidarsi non è il modo più giusto per portare all'attenzione il problema. Io non giudico i miei simili ma cerco di comprendere un atto tanto disperato ed estremo. Questo mondo ha bisogno di empatia e non di paladini del falso buonismo. Come sosteneva Friedrich Nietzsche: "Non esistono fenomeni morali, ma solo un'interpretazione morale dei fenomeni". Ho solo sei anni in più di Michele e devo ammettere che leggere la sua lettera mi ha profondamente emozionato e colpito. Anch'io sono molto amareggiato, deluso e arrabbiato con chi ci ha rubato il futuro e non ci permette di costruircene uno. Dopo la laurea non ho trovato una sistemazione tale da potermi spingere a sognare un futuro colmo di speranza. L'Italia non è un paese per giovani, e questo l'ho compreso durante la mia permanenza all'estero. Da noi chi ha meno di quarant'anni va incontro a mortificazioni di ogni genere. Sulla mia pelle ho provato a sperimentare nuove strade e nuove idee che puntualmente venivano stroncate da una burocrazia che non accetta né il merito né il rinnovamento. Mi hanno proposto di scrivere articoli per diversi giornali, ma

13

ovviamente a titolo gratuito. Mi hanno convocato per insegnare nelle scuole private, ma anche questo dovevo farlo senza percepire alcun compenso. Siamo circondati da vampiri che si nutrono dei momenti di difficoltà di una parte della popolazione. Ad un certo punto la speranza si è affievolita, e ho avvertito lo sconforto. Devo ringraziare soltanto la mia famiglia per avermi sostenuto in ogni momento, altrimenti anch'io non ce l'avrei mai fatta. Dopo quanto accaduto a Michele nessuno dovrà più testimoniare con la propria vita l'insoddisfazione di vivere in una nazione che non ti valorizza affatto. Quando accade una tragedia umana come quella di Michele siamo tutti responsabili dell'accaduto. Nessuno escluso. La nostra indifferenza ha contribuito ad aggravare la sua angoscia esistenziale. La sua morte non occupa più le prime pagine dei giornali. Gli esclusi da Sanremo e le solite beghe di partito sono gli argomenti del giorno. Nel frattempo chi legifera, non importa lo schieramento politico d'appartenenza, gioca a fare l'indiano e continua ad ignorare i numerosi segnali di fumo. Pertanto desidero esprimere la mia vicinanza alla famiglia Valentini, e a tutti coloro che lottano quotidianamente per un futuro più roseo. Io lotto con voi e per noi! Riprendiamoci il futuro.

"Il sogno di uno solo è l'illusione, l'apparenza; il sogno di due è già la verità, la realtà" (Miguel de Unamuno).

(19/02/2017)

Giù la maschera!

Lo ammetto, detesto il periodo di carnevale e non ne capisco il senso. Non mi riferisco certamente ai motivi storici, bensì alla ragione di fondo che spinge i contemporanei a festeggiarlo. I bambini e le bambine hanno tutte le ragioni di questo mondo per giocare ad indossare i panni dei propri eroi ed eroine, ma qual è invece la causa nascosta che muove gli adulti a camuffarsi? Forse un'infantilità latente o un profondo senso di inadeguatezza? L'etimologia della parola persona deriva dal latino, e significa proprio maschera. La stessa maschera indossata dall'attore per impersonare un ruolo. Nella vita di tutti giorni ci mettiamo addosso i panni di personaggi che non ci rassomigliano. Utilizziamo i social network per rappresentarci nel modo in cui vorremmo essere. Costruiamo, quindi, la nostra immagine sull'opinione degli altri e non su quello che sentiamo o avvertiamo di essere veramente. Seguiamo la massa amorfa senza porci alcuna domanda. Vedere tutti questi adulti mascherati girare per le vie della città mi inquieta e non poco. Non sono minimamente sfiorati dal senso del ridicolo. Ovviamente si rasenta il grottesco quando vogliamo sollazzarci a tutti i costi come giovani adolescenti, e non accettare mai di responsabilizzarci; per quello, forse, c'è tempo.

Ad esempio come razionalizzare ed assimilare la fastidiosa presenza di quei martelletti di gomma dati in testa, o quei coriandoli che ti entrano in bocca, oppure quelle insulse trombette suonate a più non posso? Di questa carnevalata salvo solo i carri allegorici con la loro proverbiale satira sui potenti che si rifà proprio alla ragione storica di questa ricorrenza. Ironia della sorte il mercoledì successivo al martedì grasso la Chiesa ci ricorda che siamo polvere, e polvere ritorneremo. In altre parole: 'Cari mortali, divertitevi pure tanto vi attende la tomba"! Ma perché pensiamo all'allegria e al divertimento come a un sinonimo di cialtroneria e di ritorno all'infanzia? Occorre, in tal senso, operare un ripensamento sul significato del riso. Io propongo un'alternativa: carnevale per noi umani dura tutto l'anno, dunque perché non provare, per un solo periodo, a buttare giù la maschera e mostrare le nostre vere (varie) meschinità al mondo? Ci pavoneggiamo tanto su Facebook o Twitter del nostro grande altruismo (finto), ma in verità siamo meschini, misogini, razzisti, maschilisti, ignoranti, omofobi, pettegoli, saccenti, cattivi, egoisti ed opportunisti, sempre pronti a sparare a zero sulla vita dei nostri simili. Abili a lisciare il pelo a chi può assicurarci qualcosa, e altrettanto veloci nell'infangare chi, secondo il nostro metro di giudizio, ci ha usati per i suoi turpi scopi. Embè, non abbiamo fatto forse lo stesso anche noi?

Impegniamoci, dunque, per essere più che apparire, e sono sicuro che un solo singolo momento di verità sarà molto più entusiasmante di un'intera vita costellata d'inganni. A voi la scelta.

(21/02/2017)

La non risposta è già una risposta

Vi è mai capito di imbattervi in soggetti che dopo aver letto i vostri messaggi su Facebook, Messenger o WhatsApp non si sono poi degnati di rispondervi? E che dire di coloro che leggono le email ricevute e poi non solo non rispondono, bensì fanno finta di non averle mai aperte? Il mondo, ahimè, è fatto di persone così. Individui che con il loro fare sprezzante ci inviano un segnale ben preciso: 'Non mi interessa ciò che hai da comunicarmi. Non mi interessa il tuo pensiero. Io sono un soggetto socialmente impegnato che non ha tempo da perdere con te'. Questi professionisti della risposta negata dimostrano solamente di appartenere alla tribù dei Cafonal! Una tribù che a dispetto delle apparenze è ben rappresentata e numerosa. Rispondere a chi si è preso la briga di scriverti è il minimo dell'educazione richiesta. Giuseppe Mazzini asseriva: "L'educazione è il pane dell'anima" ma di questi tempi sono tutti a dieta e non si nutrono certamente di questo cibo vitale. Per esperienza professionale di soggetti di siffatta specie ne ho incontrati moltissimi. A costoro avevo rivolto un saluto, un pensiero oppure una cortese richiesta caduta, ovviamente, nel vuoto. Visualizzavano il messaggio e continuavano a rigurgitare post inutili nelle loro bacheche virtuali. Ma di questi ectoplasmi depensanti cosa ce ne facciamo? Sono

18

esserini che collezionano amicizie su Facebook con la stessa foga della raccolta premi del supermercato. L'unica differenza è che non sceglieranno alcun premio da ritirare, ma vivranno con i loro contatti irreali in perpetuo anonimato. Ma abbiamo davvero bisogno di frequentarli anche se solo virtualmente? Ci sarà pure una ragione se nella vita vera avevamo già deciso di troncare con loro ogni rapporto, o no?

Questo comportamento ci obbliga a snaturare il nostro modo di fare, e di adattarci anzi a questi diktat nullificanti.

Cari individui che non rispondete ai vari messaggi per conferirvi un'aria di superiorità vi confermo, invece, che la vostra stupidità non ha eguali. Come sosteneva il grande Umberto Eco: "Il problema della Stupidità ha la stessa valenza metafisica del problema del Male, anzi di più: perché si può persino pensare (gnosticamente) che il male si annidi come possibilità rimossa del seno stesso della Divinità; ma la Divinità non può ospitare e concepire la Stupidità, e pertanto la sola presenza degli stupidi nel Cosmo potrebbe testimoniare della Morte di Dio".

(1/03/2017)

Il dolore non ha nome

Uno dei tanti difetti di noi umani è proprio quello di giudicare il comportamento e le scelte altrui senza conoscere i fatti. La scarsa empatia che abbiamo dimostrato per dj Fabo, 39enne tetraplegico e non vedente dal 2014, lo conferma puntualmente. Oltre a Fabiano Antoniani ricordo anche Gianni Trez e i casi di Piergiorgio Welby, Eluana Englaro e dagli Usa Terri Schiavo e Brittany Maynard. Per ogni singolo dramma di queste persone si sono imbastiti milioni di processi ideologici sulla sacralità della vita, e le loro scelte "inopportune" o di chi gli era più prossimo legalmente. Nessuno ha provato però ad immedesimarsi nelle loro esistenze. Senza fare della falsa retorica proviamo per un solo attimo a chiudere gli occhi e ad immaginarci distesi in un lettino senza poterci più muovere, immobili come un tronco d'albero, nutriti soltanto da un sondino e senza possibilità di poter vedere e osservare chi e cosa ci sta intorno. Quale sensazione ricaviamo da questo esperimento mentale? Impossibile da descrivere giacché irreale, non nostro, e soprattutto perché noi 'sani' non riusciamo a sopportare nemmeno un banale e sporadico mal di testa, figuriamoci quindi di vivere un'intera esistenza costellata di sofferenza. In un paese civile il suicidio assistito, 'dolce morte' o eutanasia (non disquisiamo per favore e in questo momento sulla terminologia più idonea) è una grande conquista di civiltà. Come ci ha insegnato Oliver Sacks dietro ogni cartella clinica o termine medico c'è un essere umano che merita il nostro rispetto. In quanto essere umano con piena capacità di intendere e di volere affermo che sono l'unico responsabile della mia vita, e nessuno può vietarmi durante una patologia invalidante o terminale di decidere liberamente di farla finita senza dover espatriare, o far rischiare ai propri cari condanne penali per aver eseguito solamente la nostra volontà. Naturalmente occorre rispettare ed ammirare chi ha scelto di vivere nonostante la grave malattia. La futura legge non obbligherà nessuno a fare qualcosa contro la propria volontà. In una vera democrazia ogni cittadino ha il diritto di esprimere la propria opinione purché sia solo sua e non la copia dei riassunti forniti in Chiesa (anche le altre religioni sono contro l'eutanasia quindi il discorso si estende a tutti gli altri credi). La Chiesa che parla tanto di misericordia ha negato a Piergiorgio Welby il funerale religioso, mentre ai mafiosi e ai peggiori criminali non si è mai negato nulla![2]. Bell'esempio di misericordia, e soprattutto molto rispettosa di quel passo del Vangelo in cui Gesù dice: «Non giudicate e non sarete giudicati; non condannate e non sarete condannati; perdonate e vi sarà perdonato» (Luca 6,37). In effetti per le funzioni religiose dei vari assassini la Chiesa dice di non giudicare

---

[2] A onore del vero nel 2014 papa Francesco durante la visita a Cassano all'Jonio disse: "I mafiosi sono scomunicati". Il pontefice ha specificato che è scomunicato anche chi si è macchiato di "corruzione e associazione mafiosa". Grazie alle parole del papa il capo dei capi Totò Riina deceduto il 17 novembre 2017 non ha avuto i funerali in Chiesa.

21

nessuno e di attenersi a semplice carità cristiana, ma evidentemente Welby non meritava tanta fraterna benevolenza. Non dimentichiamo che Sant'Agostino definì il suicidio: «un misfatto detestabile e un delitto condannabile», e altri santi come Tommaso Moro si dissero, invece, favorevoli quando la malattia da cui si era affetti era ormai senza speranza. Recentemente il teologo Hans Küng ha dichiarato che: «È conseguenza del principio della dignità umana il principio del diritto all'autodeterminazione, anche per l'ultima tappa, la morte. Dal diritto alla vita non deriva in nessun caso il dovere della vita, o il dovere di continuare a vivere in ogni circostanza. L'aiuto a morire va inteso come estremo aiuto a vivere. Anche in questo tema non dovrebbe regnare alcuna eteronomia, bensì l'autonomia della persona, che per i credenti ha il suo fondamento nella Teonomia». Ma uno Stato laico deve agire nel nome di tutti e non solo di chi si professa credente. Non mi interessa dissentire da Platone, Aristotele, Kant, Hegel e altri autorevoli pensatori o padri della Chiesa che si schierarono contro il suicidio (assistito). Il problema non è di chi lo teorizza o lo spiega, bensì di chi lo vive giorno per giorno sulla propria pelle.

Pertanto mi auguro che il nostro Parlamento approvi immediatamente una legge per regolamentare il 'fine vita' senza perdere ulteriormente tempo[3]. Infine sono profondamente convinto che giudicare in astratto le sofferenze dei nostri simili è un atto davvero meschino e disumano.

"Grande Spirito, preservami dal giudicare un uomo non prima di aver percorso un miglio nei suoi mocassini" (Guerriero Apache).

(03/03/2017)

---

[3] Il 14 dicembre 2017 il Senato della Repubblica Italiana ha approvato la legge sul biotestamento. Con 180 voti a favore, 71 contrari e 16 astenuti il nostro Paese ha compiuto uno storico passo di civiltà. La legge prevede che le persone che hanno raggiunto la maggiore età possono scrivere delle disposizioni anticipate di trattamento (DAT) così da tutelarsi in caso di malattie invalidanti e gravi. Tali disposizioni possono essere revocate in qualunque momento dal paziente. Attraverso le DAT si potrà rinunciare ad alcune terapie mediche, alla nutrizione e idratazione artificiale. Il testamento biologico validato da un notaio o medico deve essere affidato ad un fiduciario. Inoltre il malato può decidere di essere sedato così da non soffrire attraverso una sorta di coma indotto. Però il medico potrà rifiutarsi di dare seguito alle DAT del paziente se nel frattempo si sono scoperte nuove cure in grado di migliorare sensibilmente la sua vita. Purtroppo certi dottori potranno non rispettare le volontà del paziente per motivi di coscienza. Tale legge ovviamente non consente l'eutanasia e il suicidio assistito. Per ogni dettaglio si consiglia di consultare il testo della legge.

23

Tollerare?

Il più grande scandalo della convivenza civile risiede nella parola "tolleranza". L'etimologia di tale vocabolo affonda le sue radici nella lingua latina, e mi riferisco al termine tollere che significa proprio sollevare, sopportare. Questa definizione ha riempito per lungo tempo i libri di illustri pensatori e scrittori. Dimentichiamo gli sforzi giustamente intrapresi da Locke, Bayle e Voltaire perché noi contemporanei abbiamo tradito (e forse superato) le loro aspettative. All'inizio si voleva indicare un'integrazione pacifica tra credenze e stili di vita differenti, ma con il trascorrere del tempo il significato si è colorato di tinte fortemente razziste. Non esiste parola peggiore di tolleranza. Io non voglio essere sopportato ma rispettato e accettato. Non voglio nessuna concessione ad esistere. Io non voglio sopportare le persone che non la pensano come me ma ascoltarle. Io voglio condividere, dialogare, comprendere, meditare, accogliere le sfaccettature dell'umano e non tollerarle e di conseguenza discriminarle fingendo di sopportarle. Il concetto stesso di tolleranza deve essere rivisto e rivalutato. In questo mondo c'è spazio per tutti e non capisco perché selezionare chi accogliere e chi, invece, sopportare e dunque respingere. Diceva Martin Luther King Jr: "Abbiamo imparato a volare come gli uccelli, a nuotare come i pesci, ma non abbiamo ancora imparato la semplice arte di vivere insieme come fratelli". Infatti non conosciamo il valore della convivenza. Non siamo in grado di convivere pacificamente con i nostri simili. L'arte del dialogo è il primo tassello per imparare quest'arte della convivenza. Dobbiamo smetterla di essere homo homini lupus ed intraprendere uno sforzo maggiore per la comprensione individuale. Il Dalai Lama sostiene che: "Siamo tutti esseri umani e, da questo punto di vista, siamo uguali. Noi tutti vogliamo la felicità e non vogliamo soffrire. Se consideriamo questo fatto, troveremo che non ci sono differenze tra persone di diversa fede, razza, colore, cultura. Tutti noi abbiamo questo comune senso di felicità". Dovremmo appigliarci proprio a questo desiderio presente in tutti noi. Aneliamo alla felicità e desideriamo la serenità per noi e le persone che amiamo. Tutti abbiamo bisogno di tenerezza e amore, poiché sono sentimenti universali che non devono essere tollerati ma applicati con religiosa convinzione. Non vi sembra assurdo pensare di sopportare qualcuno quando possiamo, invece, conoscerlo e magari capirlo?

Finiamola con il concetto di tolleranza e introduciamo quello di conoscenza.

In una società liquida, come la definì il filosofo Bauman, le differenze sono molto sottili e i nostri stili di vita dissimili possono essere ampiamente superati da ciò che ci accomuna e unisce. Creiamo una coesistenza pacifica, curiosa e rispettosa del prossimo, e riusciremo a donare ai nostri figli e nipoti un mondo più giusto anche se non perfetto.

(09/03/2017)

L'idiota del sabato sera

Un sabato sera e una banalissima conversazione fra amici di amici imbucati ad una festa. In tale occasione mi trovai a scambiare quattro chiacchiere con un tizio mai conosciuto prima di allora. A prima vista sembrava di media intelligenza, laureato in giurisprudenza e con una loquela non indifferente. Non so come ma mi ritrovai a parlare di John Gray e del suo ottimo saggio *Cani di paglia*. Il futuro leguleio sembrava rapito dalla discussione, e per un solo attimo pensai che forse anche lui conosceva se non l'autore almeno il libro. Ancor prima di indagare a fondo la questione mi disse: "Certo. Grey è un uomo colto, forse fin troppo intelligente ma il suo rapporto sessualmente deviato con Anastasia Steele, e le sue continue richieste sadomaso mi lasciano più che perplesso"! Non vi dico cosa mi balenò in testa in quel momento. Quell'imbecille aveva confuso il filosofo John Gray con Christian Grey, l'insulso personaggio di *Cinquanta sfumature di grigio*. Così senza perdere il mio solito aplomb risposi: "Non saprei dire. Io parlavo di *Cani di paglia,* mentre lei si riferiva, ovviamente, a dei libri di paglia. Se mi vuole scusare ho altro da fare". Ma dico si può essere così ignoranti e stupidi?

Questo evento mi ha riportato alla mente un altro episodio accaduto quando scrivevo per un giornale locale. Avevo ultimato un pezzo su Auschwitz e lo proposi alla redattrice. La risposta che ricevetti, a distanza di molti anni, mi raggela ancora il sangue. "Interessante. Cos'è un nuovo gruppo musicale?". Interessante? Auschwitz un gruppo musicale?! Ero mortificato per la sua idiozia, ma lei no. Non riusciva a capire.

Ricordo ancora una mia collega di università che prontamente sollecitata su quale libro di filosofia antica intendeva portare all'esame rispose: "Il libro di Socrate". Ed io: "Intendi dire i libri di Platone?" E lei: "No! Voglio portare il libro che ha scritto Socrate" (sic!). Cosa dire a una persona così? Rimproverarla inutilmente o invitarla a bere la cicuta?

Infine ripenso all'episodio capitatomi all'aeroporto internazionale JFK di New York. Mentre attendevo pazientemente di passare la dogana una coppia di giovani italiani si scervellava per scoprire l'arcano mistero che si celava dietro la lettera F di John Fitzgerald Kennedy. La F, secondo loro, stava per 'Figaro', 'Frank', 'Fidelio' ecc., insomma la loro ignoranza in storia americana era pari solo a quella del loro Paese. Ma il bello doveva ancora venire. All'improvviso il ragazzo diede prova della sua cultura sterminata (nel senso di uccisa): "Non sarà mica una sigla per indicare un titolo nobiliare come Benito Benso conte di Cavour, il dittatore fascista?".

La verità è che queste persone vivono felicemente la loro beata ignoranza e, ahimè, la ostentano con una fierezza imbarazzante. Ma cosa ho fatto di male per imbattermi in codesti individui? Evidentemente devo scontare in questa vita le colpe della mia esistenza precedente. Purtroppo sono ben consapevole che questo è solo l'aperitivo di un buffet infinito, e per giunta organizzato a mia insaputa.

(15/03/2017)

George Michael

A tre mesi dalla sua morte[4] prematura il mondo si prepara a celebrare i funerali di George Michael. I tabloid inglesi indicano come possibile data il 26 marzo, giorno della festa della mamma nel Regno Unito[5]. L'esito dell'autopsia ha accertato che la morte della popstar è attribuibile a cause naturali. L'apertura del testamento ha chiarito che i maggiori beneficiari del patrimonio ereditario saranno le sorelle, mentre non c'è alcuna traccia del fidanzato Fadi Fawaz e del padre Kyriacos Panayiotou. La mancanza di quest'ultimo non mi stupisce affatto. Purtroppo George (al secolo Georgios Kyriacos Panayiotou) crebbe con un padre che non lo stimava e gli rinfacciava spesso di non avere alcun talento. Diventato adulto con una disistima così persistente riuscì a staccarsi di dosso quell'orribile etichetta, e a volare in alto grazie proprio a quel talento che il padre non voleva vedere. Qualcuno rinfacciò a Michael di non essersi battuto abbastanza per la comunità Lgbt, ma lui non era e non voleva certamente essere considerato come un attivista gay. Non era un militante politico bensì un artista. Nonostante ciò le sue canzoni hanno

---

[4] George Michael è morto il 25 dicembre 2016. Ironia della sorte mentre il mondo festeggiava il Natale sulle note di un suo grande successo *Last Christmas (1984)*, Michael aveva già esalato l'ultimo respiro. Nel 2010 aveva dedicato un'altra canzone al Natale dal titolo *December Song (I Dreamed of Christmas)*.

[5] I funerali si sono svolti tre giorni dopo, il 29 marzo.

fatto molto di più di tante parole pronunciate da certi affabulatori di mestiere. *Freedom, Outside, Please send me somehone* (per citarne soltanto alcune) sono dei veri manifesti contro l'omofobia. Per non parlare poi di quel prezioso album intitolato *"Listen Without Prejudice"*. Ha sempre detestato questo interesse morboso per la sua sessualità. Non la nascondeva, bensì la custodiva dagli occhi della gente. Voleva vivere i suoi sentimenti senza destare interesse per una parte della sua vita che era solo e soltanto sua. In una società evoluta nessuno guarderebbe all'orientamento sessuale di un artista. Sfortunatamente non siamo davvero così evoluti come amiamo dipingerci, ma solamente degli squallidi voyeuristi travestiti da perbenisti. George Michael si è dichiarato 'tardi' - ammesso che esista un momento prestabilito per fare coming out- perché costretto da un episodio che sarà poi ripreso nel videoclip *Outside*. Sin dal suo esordio il mondo della musica lo voleva consacrare come il sex symbol più etero di sempre. La stessa Madonna disse che George era stato un vero amante focoso e sessualmente 'dotato'. George rimase segnato dalla perdita del compagno Anselmo Feleppa e da quel momento per lui fu tutto più faticoso. A lui aveva dedicato i versi toccanti di *Jesus to a child* contenuta in quel capolavoro di *"Older"*. La sua incredibile voce e il delicato fraseggio vocale ci restituiscono un artista tormentato e geniale. La cura con cui confezionava i suoi lavori gli permetteva di centellinare le sue uscite discografiche. Non era uno di quei cantanti che per contratto

31

sfornava un cd l'anno, anzi. Intraprese delle battaglie legali con la sua casa discografica, ed ebbe il coraggio di tirare dritto per la sua strada. Le sue canzoni hanno accompagnato la mia adolescenza e per tale motivo avranno sempre un posto speciale nel mio cuore.

Cinque anni fa era scampato alla morte e aveva scritto *White light* dedicata al suo ricovero in ospedale a causa di una brutta polmonite. Aveva ringraziato Dio e la preghiera dei suoi fan e aveva promesso di ritornare. Evidentemente Qualcuno aveva ben altri piani per lui.

Il suo corpo riposerà nel cimitero londinese di Highgate West, accanto alla tomba dell'amata madre Lesley Angold. Mi piace immaginarlo adesso fra le braccia di Anselmo, l'uomo che ha amato in vita: "Se l'amore l'hai conosciuto, se sai che esiste, allora l'amante che hai amato e perso verrà a farti visita nelle notti fredde. Se sei stato amato, se hai vissuto quell'estasi, l'amante che hai baciato e che ti manca ti conforterà quando non vedrai più speranza".

(21/03/2017)

Il conforto

Il conforto[6] è il nuovo singolo di Tiziano Ferro cantato in coppia con Carmen Consoli. Il testo racconta di un sentimento importante, quasi rimosso dalla nostra riflessione quotidiana: il conforto. In alcuni versi la canzone dice:

"Per non farti scappare/ Chiusi la porta e consegnai la chiave a te/ Adesso sono certa della differenza tra /Prossimità e vicinanza /Eh, è il modo in cui ti muovi/ In una tenda in questo mio deserto".

Il filosofo Roland Barthes ha ragionato a lungo sulla percezione del nostro corpo in rapporto a quello degli altri. Noi non ci avvertiamo mai come esseri completi e interi. Nello specchio riflettiamo un'immagine di noi che però non possiamo toccare e abbracciare. In un certo senso fra le braccia dell'altro noi acquisiamo la consapevolezza di esistere. In tal modo la nostra prossimità diventa vicinanza proprio nell'abbraccio e nello sguardo dell'altro/a. In un rapporto amoroso i due 'contendenti' in amore disputano una guerriglia per non farsi soggiogare e sottomettere dalla passione che provano l'uno per l'altro/a. Afferma ancora Barthes: "L'innamorato lotta per non essere assoggettato. Ma fallisce.

---

[6] Il pezzo è contenuto nell'album di Tiziano Ferro *Il mestiere della vita* (2016) ed è stato scritto dallo stesso Ferro ed Emanuele Dabbono.

33

Constata con umiliazione, e talvolta con delizia, di essere interamente assoggettato all'immagine dell'amata. E d'altra parte, nei momenti buoni, soffre molto per non assoggettare l'altro; cerca di non farlo". Ovviamente la canzone di Ferro non si riferisce esclusivamente ad un rapporto amoroso bensì ad una comunione di anime che può espletarsi anche in una vera amicizia. Anche due amici possono amarsi di un sentimento che non è connotato da alcun risvolto sessuale. Altri versi della canzone sottolineano:

"Per pesare il cuore con entrambe le mani/ Ci vuole coraggio/ E occhi bendati su un cielo girato di spalle/ La pazienza a casa nostra il coraggio il tuo conforto/ Ha a che fare con me".

Per riflettere su se stessi e le proprie emozioni occorre guardarsi dentro, e dunque ci vuole coraggio. Ma possiamo anche cercare e trovare conforto nell'atteggiamento che la persona amata ci offre. Il sentimento riguarda entrambi ed ogni dubbio sulla nostra relazione deve essere risolto insieme. Il semiologo francese in un'intervista disse: "L'amore non è cieco, al contrario ha una potenza di decifrazione incredibile, che dipende dall'elemento paranoico che è in ogni innamorato. Un innamorato, come lei sa, coniuga estremi di nevrosi e psicosi: è un tormentato e un pazzo. Vede chiaramente, ma il risultato è spesso lo stesso che se fosse cieco". Ecco perché i protagonisti della canzone evidenziano che hanno gli occhi bendati nel loro relazionarsi. Nel videoclip della canzone (in verità ne sono stati realizzati due), l'abbraccio colma il vuoto di un sentimento carico di dubbi. Il semplice tocco e la relativa carezza portano i due protagonisti ad affidarsi completamente l'una all'altro. "Adesso sono certo/ Della differenza tra distanza e lontananza". Un conforto che i due percepiscono anche quando la lontananza geografica sarà materialmente consistente (Catania - Los Angeles). Le distanze si annullano grazie alla fiducia reciproca e a quel conforto donato da due singoli soggetti. Ogni essere umano, anche chi non ama o non vive una relazione sentimentale, necessita del conforto per rassicurarsi. La sensazione di essere avvolti da un abbraccio colmo d'amore ricarica la nostra psiche.

L'abbraccio è il balsamo dell'anima, e vale molto più di mille parole e messaggi scambiati tramite WhatsApp.

Scusate se insisto ma abbracciate più spesso chi vi circonda. Rivolgete un abbraccio alla madre, al padre, al compagno, alla compagna, al figlio, alla figlia, e la vostra energia contagerà voi e anche loro.

Il mondo ha bisogno di un abbraccio carico d'affetto.

Infine come diceva Kahlil Gibran:

"Il vero amore non è né fisico né romantico. Il vero amore è l'accettazione di tutto ciò che è, è stato, sarà e non sarà.

Le persone più felici non sono necessariamente coloro che hanno il meglio di tutto, ma coloro che traggono il meglio da ciò che hanno.

La vita non è una questione di come sopravvivere alla tempesta, ma di come danzare nella pioggia!".

(22/03/2017)

Filosofia dei paradossi

La realtà supera quasi sempre la fantasia.

Galeno e Ippocrate dedicarono la loro vita alla cura del paziente. Da allora sono trascorsi molti secoli, ma sono sicuro che oggi si rivolterebbero nella tomba vedendo un loro collega provocare consapevolmente dolore e sofferenza ai malati. È notizia di questi giorni quella di un importante ortopedico che procurava lesioni agli arti dei pazienti per poterli poi operare, e ricavarne dunque un buon ritorno economico. Ho letto che li ricuciva in modo tale da poterli riaprire a piacimento. I confini etici non esistono più e l'imbarbarimento della specie avanza sempre più spedito.

Un giudice assolve uno stupratore perché la donna non ha urlato abbastanza dopo la violenza sessuale. Ma vi rendete conto? E poi ci lamentiamo se in questo Paese non solo aumentano i casi di violenza sulle donne, ma addirittura non si fermano i responsabili? Con una cultura così pervicacemente maschilista che sottomette quotidianamente la donna all'uomo, anche con il linguaggio, non possiamo aspettarci purtroppo nulla di positivo.

A Torino una coppia di fatto decide di prendere in affitto una casa ma non gli viene concesso. Motivo? La padrona di casa omofoba non affitta a due uomini innamorati! Permettetemi di dire che tutto questo mi sembra una cronaca di un altro pianeta. Non mi riconosco più in un'umanità così crudele che ha la sfacciataggine di dichiarare in continuazione di essere civile ed evoluta. Speravo, in cuor mio, che a forza di ripeterlo potevamo autoconvincerci di tali bugie, e di conseguenza comportarci davvero in modo civile. Benvenuti nel regno di Fantasilandia. A parole ci definiamo sensibili e caritatevoli, ma nella realtà siamo solo più frustrati e anaffettivi. Per carità, noi esseri umani non abbiamo mai brillato per bontà ma adesso la misura è colma. Socrate era profondamente convinto che la spiegazione delle nostre azioni malvagie risiedeva nell'ignoranza. L'ignoranza è una malattia da cui si può guarire ma occorrono grandi sforzi. Non bastano le leggi per favorire il quieto vivere, bensì una solida cultura del rispetto reciproco. Se poi però le leggi vengono interpretate ed applicate ad cazzum allora aveva proprio ragione Cesare Beccaria. L'autore di "Dei delitti e delle pene" (1764) sosteneva che i giudici emettevano le sentenze in base alla loro buona o cattiva digestione. Nulla è cambiato in tal senso. Come recita la scritta del tribunale di Springfield ne "I Simpson": "Libertà e giustizia quasi per tutti". Nessun diritto è garantito con certezza e quel quasi lo evidenzia alla perfezione. Sono stanco di vedere troppi impuniti, e il popolo vessato ed umiliato da soggetti che appartengono ad una casta che detiene il potere. Non si può vivere nella continua paura di uno Stato distante e padrone. Ciascuno di noi è un ingranaggio essenziale nell'apparato statale. Non siamo servi e non desideriamo padroni. Vogliamo solo sentirci membri attivi e importanti di una comunità e non ospiti di un circolo d'élite. Pertanto ben venga l'indignazione per un'ingiustizia e un diritto negato ma occorre prodigarsi per la salvaguardia non solo dei diritti che ci riguardano in prima persona, ma anche e soprattutto per quelli degli 'altri'. Questo è un diritto ma soprattutto un dovere!

"L'individuo critica la società, ma è la società che ha prodotto l'individuo. Questa contrarietà - perché non la si può chiamare contraddizione - è causa di moltissimi conflitti. La società, o quelle persone convenzionalmente dominanti che parlano in sua vece pensano che l'individuo esista solo per servirla. Ma che cosa mostruosa sacrificare tutte le parti viventi affinché un tutto nominale e meccanico possa continuare la sua cieca corsa!" (George Santayana).

(01/04/2017)

La Santa casa degli orrori

Da molto tempo non ascoltavo "Turbulent Indigo", uno dei miei album preferiti della grande Joni Mitchell. Uscì nel 1994 e all'epoca avevo solo 14 anni. Ricordo che quel bellissimo ritratto di copertina, dipinto sempre da Joni, colpì subito la mia attenzione. La sesta traccia dell'album si intitola *The Magdalene Laundries* e racconta proprio cosa accadeva in Irlanda alle giovani donne nubili rimaste incinte. Molte di loro furono costrette dalle proprie famiglie ad andare in questi istituti femminili come, ad esempio, le lavanderie Magdalene. Non mi riferisco certamente ad eventi accaduti nel Medioevo ma al secolo scorso. Dopo i recenti fatti che hanno portato alla scoperta di una fossa contenente ossa di bambini, proprio nel punto dove sorgeva 'La Casa della mamma e del bambino' a Tuam in Irlanda, ho ripensato immediatamente alla canzone di Joni. Il cimitero nascosto dei bambini era frutto della malvagità e amoralità delle suore del Buon soccorso (quale ironia della sorte!) che curarono l'istituto dagli anni'20 fino agli anni '70. Queste pie discepole della carità e della misericordia cristiana operavano discriminando i bambini che ospitavano. Dopo il parto le donne rinchiuse nella struttura non intrattenevano alcun rapporto con i propri figli se non per l'allattamento. Inutile lamentarsi o protestare. Se alzavi troppo la voce finivi dritta nelle lavanderie Magdalene di Galway, veri e propri lager, oppure internata nei manicomi. Chi è uscito vivo dall'istituto racconta che le suore esponevano i bambini ai visitatori come una subdola mercanzia. Vi consiglio di leggere la testimonianza di John Pascal Rodgers, uno dei sopravvissuti alla casa degli orrori. Molti bambini furono adottati, altri morirono a causa delle cure negate dalle suore infermiere, ma altri non videro più le loro madri spedite nelle lavanderie Magdalene. Nella canzone sopracitata Mitchell racconta la storia di una ragazza non sposata che aveva appena compiuto 27 anni. Fu punita: "perché gli uomini mi guardavano in un certo modo, ero bollata come una Jezabel / Così ho saputo che non ero destinata al paradiso". Joni racconta delle altre ragazze che arrivavano lì perché gravide. Molte di loro erano state violentate dal proprio padre o da un prete. I mostri rimanevano impuniti e alla luce del sole mentre le vittime dovevano essere allontanate. Un'altra scena toccante del testo scritto dalla cantautrice canadese afferma: "Stiamo cercando di rendere tutto candido come la neve /noi figlie della sventura nelle macchie fumanti delle lavanderie Magdalene /Prostitute e destituite e tentatrici come me donne cadute, condannate a faticare senza sogni. Perché chiamano questo luogo senza cuore Nostra Signora della Carità? Oh Carità! Queste spose esangui di Gesù/ Se avessero solo una volta intravisto il loro sposo saprebbero, e lascerebbero cadere quelle pietre che nascondono dietro al rosario".

41

Per queste donne la vita fu un vero inferno. Sulle loro esistenze pesava il giudizio feroce di una società sessista che le marchiava con una lettera scarlatta quando si rifiutavano di sottomettersi alla violenza domestica di un padre o di un sacerdote. Ma ancor più tragico fu il destino di quei figli nati in quelle strutture. Se ripenso a quei bambini non curati, sempre tristi che attendevano il ritorno delle loro madri e soprattutto desiderosi d'amore mi prende un nodo alla gola. Mi piange il cuore a pensarli afflitti, tristi e senza coccole. Siete morti senza aver mai ricevuto una carezza. Eravate così piccoli e indifesi. Attendevate di essere adottati e sognavate affetto e calore umano. Dopo il dolore subìto volevano consegnarvi all'obblio ma fortunatamente non è accaduto. Per questo bisogna ringraziare la tenacia di una storica per passione e non di professione, Catherine Corless. Lei, 62 anni, casalinga irlandese ha investito tempo e denaro per donare giustizia a quei piccoli martiri dell'aridità dell'anima. Non so i vostri nomi ma vi penso intensamente. Siete finiti fra le grinfie di chi si faceva chiamare madre e sorella ma non aveva alcun grado di parentela con voi. Aride e squallide aguzzine intente a non far trapelare la verità da quelle 'sacre mura`. Le loro tonache avevano reciso il cordone ombelicale che li teneva ancorate all'amore universale. Per carità non bisogna mai generalizzare, ma quelle suore lì non meritano alcun rispetto. Ripenso, infine, ai versi della canzone di Joni Mitchell quando dice: "Peg O'Connell è morta oggi/ era una ragazza sfacciata/ flirtava e loro l'hanno buttata in una buca/ Ma Dio mio penseresti che dovevano suonare qualche campana!/ Un giorno anch'io morirò qui e mi getteranno sotto la terra come un bulbo che non fiorirà mai in primavera. In nessuna primavera".

Dove un tempo sorgeva la St.Mary home, l'orfanotrofio degli orrori, oggi ci sono palazzine e apparente normalità. In quella buca per più di trent'anni rimasero, e ci sono ancora, i resti di piccoli innocenti senza nome che chiedevano solo Amore ma ricevettero soltanto odio, indifferenza e morte. Non dimentichiamoli. Non uccidiamoli una seconda volta. Doniamogli un po' di pace e un affettuoso ricordo.

(03/04/2017)

Filosofia Pasquale

Ricordo che un tempo ero affascinato dalla simbologia pasquale, e non mi perdevo nessuna celebrazione religiosa o una pomposa manifestazione pubblica di tipica devozione popolare. Forse perché sono nato il lunedì di Pasqua, oppure perché da ragazzo il mio rapporto con la fede cattolica poteva definirsi davvero intenso. Per anni ho fatto il ministrante e sono stato scelto più volte dai sacerdoti per il rito della lavanda dei piedi del giovedì santo. Ciononostante anche se oggi non sono più credente trovo sempre coinvolgente la celebrazione della morte e resurrezione di Gesù. La Pasqua non è una festa di origine cristiana ma risale all'Antico Testamento. Gli ebrei la celebrano ancora oggi (Pesach) e ricordano la liberazione del popolo eletto dalla schiavitù d'Egitto. In lingua ebraica Pesach significa passaggio. In entrambe le tradizioni si affronta il tema della rinascita e della transizione da una condizione all'altra. Dalla schiavitù alla libertà (Pasqua ebraica), e dalla morte alla resurrezione (Pasqua cristiana). Tranquillizzatevi, non ho alcuna intenzione di propinarVi una mini lezione di catechismo bensì mi preme sottolineare la visione filosofica che si cela dietro la festa di Pasqua. Jiddu Krishnamurti sosteneva che per poter vivere dobbiamo morire e rinascere quotidianamente. Lui si riferiva alla morte dell'io, alla rinuncia dell'ambizione ed egoismo. Morire alle piccole cose per poi approdare ad una nuova nascita e aprirsi alla Conoscenza. Se non ci accostiamo al mondo con lo stupore della prima volta non comprenderemo mai il significato della nostra esistenza. Se le vecchie conoscenze muoiono costantemente in noi ci ritroveremo ogni giorno desiderosi di apprendere nuove realtà. Accumulare ricordi, talvolta astiosi e negativi, significa solamente collezionare ciarpame. Tutto quello che non è in grado di spingerci al cambiamento e all'amore universale non è di nessuna utilità. Anche nei nostri pc, smartphone e iPad di tanto in tanto facciamo un po' di pulizie di file cosiddetti inutili. Non bisogna dimenticare che alla base della filosofia c'è lo stupore per ciò che non conosciamo. Per stupirci dobbiamo essere sempre aperti alle novità, alle diverse prospettive di vita. Non dobbiamo sentirci ancorati ad antiche tradizioni che eternano messaggi validi solo per la società che li formulò secoli fa. Occorrono, invece, occhi nuovi ma soprattutto menti vergini per vedere il lato nascosto della nostra realtà esistenziale. Gesù ha sconfitto i pregiudizi e le falsità che si annidano nel cuore dell'uomo. Egli è morto sulla croce ma è risorto dopo aver piegato la morte. Non importa se crediamo o meno alla verità di fede tramandata dai vangeli, ma conta invece se riusciamo ad annientare in noi la stupidità, la violenza, l'ignoranza per poi rifiorire e dotarci di un pensiero nuovo. Essere, in altre parole, persone nuove. Come scrive Enzo Bianchi: "L'uomo nuovo è un orfano felice. L'eredità non ha per lui alcun interesse sostanziale. Illusioni, favole, saperi inutili, di cui liberarsi in ogni modo". Il mio consiglio per celebrare anche laicamente le imminenti festività pasquali è proprio quello di rinunciare alle ostilità e ai facili moralismi. Riflettiamo sui giudizi insensati che elargiamo con così tanta superficialità, e impariamo che le parole uccidono più delle armi. Certe frasi dette in un momento di rabbia si fissano nella memoria di chi ci sta davanti. Le parole scagliate come pietre non solo restano impresse nella memoria per lungo tempo, ma incidono sulla nostra psiche in modo quasi indelebile. Dunque cogliamo tale occasione per sopprimere la nostra individualità, e abbracciamo idealmente la nostra parentela universale. Celebriamo il passaggio o meglio la fuga dalle gabbie del pregiudizio per approdare ad una vita caratterizzata da empatia e Conoscenza. E ricordiamoci sempre che: "La più alta forma di intelligenza umana è la capacità di osservare senza giudicare" (J. Krishnamurti).

(10/04/2017)

Omocausto

Nel silenzio assordante dei media si consuma un nuovo olocausto. Quest'omocausto viene snobbato dai tg nostrani che ovviamente preferiscono occuparsi degli agnellini adottati, della vendita del Milan ai cinesi, delle sfuriate di Morgan e, ahimè, dell'isola dei famosi. Durante le celebrazioni pasquali nessuno si è focalizzato sulla tragedia che si compie da diverso tempo nei campi di concentramento ceceni. Le uniche voci fuori dal coro sono state quelle di Amnesty International e di alcune associazioni Lgbt. Questa indifferenza generale mi ripugna profondamente. Ormai abbiamo classificato l'umanità in diverse categorie. Ci sono quelli che vanno salvati a tutti i costi mentre altri possono anche morire, tanto chi se ne frega. È l'evoluzione, bellezza! L'alibi perfetto è far sempre finta di non sapere. L'umanità di questo secolo è diventata medaglia d'oro in questa disciplina olimpionica. Eppure oggi lo sappiamo quello che accade ad Argun ma nessuno di noi si batte per la libertà dei nostri simili. Non riusciamo più ad indignarci perché le emozioni vengono gestite dai mass media e non dalla nostra naturale empatia. C'è un televoto emotivo che ci spinge inconsciamente, e a seconda dei casi, ad accendere e spegnere la nostra sensibilità. Mai un'emozione spontanea! Se le persone vengono seviziate, uccise o torturate perché omosessuali meglio voltarsi dall'altra parte. In una canzone di qualche anno fa Renato Zero diceva: "Nella guerra dei numeri, che speranze hanno i deboli". Ecco, per un mondo che si indigna ad intermittenza un centinaio di persone rapite e torturate sono nulla (sic!). Di queste cento persone, in base al resoconto fornito dalla giornalista Elena Milashina, cinquanta sono già morte. Scarsi i commenti delle istituzioni italiane. Alcuni esponenti del PD e dei radicali si sono fatti sentire ma altre forze politiche preferiscono il silenzio più assoluto. In fondo la loro omofobia così radicata non disapprova tali crimini contro l'umanità. Ho apprezzato il messaggio pubblico dell'ex premier Matteo Renzi che ha scritto: *"Le notizie che arrivano dalla Cecenia lasciano senza parole. Pensare che nel 2017 esistano dei campi di concentramento per uomini "dall'orientamento sessuale non tradizionale o sospetto" fa davvero rabbrividire. Non è un pesce d'aprile ma una drammatica realtà che ci colpisce profondamente.*

La dignità e la libertà degli uomini, a prescindere dal proprio orientamento sessuale, non possono essere lese così per nessun motivo e in nessuna parte del mondo.

I campi di concentramento per gay ci riportano al nazismo: tutti dobbiamo far sentire la nostra protesta, il nostro sdegno".

Non mi meravigliano le sue parole perché al di là degli steccati ideologici e dalle simpatie (o antipatie) personali, Matteo Renzi è stato l'unico presidente del Consiglio a prodigarsi in Italia per l'approvazione di una storica legge sulle unioni civili[7].

Per il resto non ho sentito nessun altro parlare del dramma ceceno. Nemmeno i soliti porporati che mettono il becco in ogni faccenda umana. Tutti zitti e attenti a pregare l'immagine sacra che ricorda costantemente che tutti sono uguali e meritevoli di amore e rispetto. Evidentemente tutti tranne i gay. Una conclusione che sancisce l'involuzione della specie umana, altro che evoluzione mio caro Charles! Non ho sentito una sola parola sui perseguitati per orientamento sessuale. Nessuno si è prodigato per dar voce ad umani che subiscono il martirio sui loro corpi e il loro spirito. Ma a cosa serve la festa di Pasqua se poi il nostro cuore rimane impietrito e indifferente alle sofferenze di altri esseri umani? Non basta confessarsi, andare in Chiesa e fare una donazione per alleggerire la coscienza. Non basta essere gentili con le persone che conosciamo se poi non riteniamo giusto protestare per una palese violazione dei diritti basilari di ogni persona. I perseguitati e gli oppressi sono tutti, e sottolineo tutti, da tutelare e difendere senza distinzioni. Non si creano classifiche di merito sulla pelle dei sofferenti. Chi soffre merita rispetto, conforto e aiuto. Punto.

---

[7] Si veda in particolare: M. Cirinnà, *L'Italia che non c'era. Unioni civili: la dura battaglia per una legge storica*, Fandango, Roma 2017.

49

"La dichiarazione universale dei diritti dell'uomo si applica ai popoli di ogni paese, quale che sia il loro retaggio culturale, perché tutti gli esseri umani hanno una comune aspirazione alla libertà, all'uguaglianza e alla dignità. La democrazia e il rispetto dei diritti umani fondamentali sono importanti per gli africani e per gli asiatici come per gli europei e gli americani" (Dalai Lama). E la Cecenia non fa eccezione. Auspico dunque indagini ufficiali e immediate da chi per legge tutela i diritti umani. Basta con l'omertà, l'indifferenza e l'opportunismo politico. È giunta l'ora di aprirsi alla Verità.

(16/04/2017)

Obiezione di coscienza

Io sono stato un obiettore di coscienza e lo sono ancora. Quando in Italia il servizio di leva era obbligatorio scelsi subito di avvalermi del servizio civile. Ho sempre ripudiato l'uso delle armi e non volevo sottrarmi a prestare un servizio utile per il mio Paese. Detto ciò non capisco quei medici che si dichiarano obiettori pur lavorando negli ospedali pubblici. Lo trovo inconcepibile. Se il tuo credo o i tuoi ideali non ti permettono determinati atti non vai a lavorare in una struttura pubblica dove transitano quotidianamente milioni di persone con diverse problematiche di salute. Non puoi farlo se poi le tue convinzioni ostacolano la cura effettiva del paziente o il rispetto delle credenze altrui. Io da obiettore di coscienza non vado mica a lavorare in un'armeria né tanto meno ho mai desiderato arruolarmi in un corpo armato! Bisogna essere sempre coerenti con se stessi e con gli altri. Se sei medico e sei contrario all'aborto non presti il tuo lavoro al pronto soccorso, ma ti fai spostare dove il tuo credo non sarà un problema né per te né per il credo di qualcun altro. Il rispetto deve essere reciproco ma non si può filosofeggiare con la vita o la morte dei propri pazienti. Esistono tante strutture religiose dove poter fare il medico nel pieno rispetto delle proprie convinzioni, e con l'appoggio morale di pazienti e personale lavorativo della struttura. Consentire ai medici di appellarsi all'obiezione di coscienza è una vera imprudenza. Le leggi di uno Stato laico devono essere rispettate, e non conta se come singoli individui siamo favorevoli all'interruzione di gravidanza o contrari, o se non accettiamo la legge sul fine vita oppure se crediamo in Gesù, Ganesh o a nessuna divinità. A mio parere l'obiezione di coscienza deve essere disciplinata da una legge che limita i danni ai pazienti. Davanti al malato non si dovrebbe mai anteporre la propria convinzione personale. Ribadisco che la professione medica è un lavoro molto importante perché ai medici affidiamo la nostra vita e la nostra speranza di guarigione. Come scriveva Oliver Sacks: "La storia individuale del malato e l'intera vita del malato non devono mai passare in secondo ordine". L'obiezione di coscienza possiamo esercitarla quando ci riguarda in prima persona, e non invece imponendola ai nostri simili. Tutto ciò che è frutto di sopraffazione non è mai coscienzioso. L'obiezione di coscienza è un diritto del medico ma non di certo della struttura ospedaliera in cui questi esercita. Se io ripudio le armi non impedisco certamente ad altri di utilizzarle per difenderci come avviene ad esempio con la polizia, i carabinieri, ecc. Non dimentichiamo che l'obiezione di coscienza di alcuni medici talvolta uccide. Le nostre convinzioni devono essere rispettate ma non imposte altrimenti ogni persona, in virtù dello stesso principio, potrà appellarsi alla propria coscienza per non fare più determinate pratiche lavorative e cadremo nell'anarchia più assoluta. Patch Adams ha affermato che: "Divenni un esploratore dei continenti dell'esperienza e del divertimento facendo ricerca nel laboratorio dell'umanità". I medici devono frequentare di più questi laboratori di umanità per imparare anche dal sofferente. Più contagi di umanità e meno imposizioni fra dottori e pazienti. In questo scambio libero e fecondo di umanità ogni singolo soggetto troverà beneficio per la propria coscienza.

(22/04/2017)

Serial tv

In Italia le cose non vanno e lo sperimentiamo quotidianamente. Siamo come una nave che sta per affondare e non sappiamo più come fare per non imbarcare altra acqua e non accelerare il nostro inabissamento. Prima di rassegnarci al peggio vi suggerisco di contattare gli agenti dell'FBI Fox Mulder e Dana Scully. Chiamateli e sottoponete al loro raziocinio gli eventi nostrani classificabili come *X-Files*. Interpellate anche gli agenti Lilly Rush e Scotti Valens di Philadelphia e affidategli i nostri casi irrisolti. Soltanto il personale di *Cold Case* potrà risolvere i casi più spinosi, anche a distanza di mezzo secolo. Per non sbagliare io inviterei anche Anthony Dinozzo e Gibbs di *NCIS*. Più sono gli esperti coinvolti e prima risolveremo i nostri drammi nazionali. Per quanto riguarda i problemi in Vaticano affiderei le indagini a Sorella Lotte Albers e a Padre Brown. Con il loro acume e la loro solida fede riusciranno ad appoggiare le politiche di cambiamento di papa Francesco. Ho sempre avuto un debole per fratello Cadfael, monaco medievale scrupoloso ma giusto. Quasi quasi invio un dispaccio all'abbazia di Shrewsbury per coinvolgerlo nelle indagini. Ovviamente non disdegno l'intuito formidabile della scrittrice Jessica Fletcher. Per quanto mi riguarda contatterei anche i fratelli Sam e Dean Winchester.

Loro due si intendono di Supernaturale, e in Italia tutto quello che la giustizia non spiega diventa un fenomeno sovrumano. Rimanendo in ambito legale perché non avvalersi della professionalità di Perry Mason o di Alicia Florrick? Oppure perché non Max Greveey? Io chiedo la verità Vostro Onore, nient'altro che la verità. Lo giuro su Francisca Montenegro!

Per la sanità, invece, inviterei la dottoressa Sydney Hansen direttamente da *Providence* e il Dr. Andy Brown da *Everwood*. Affiancherei a loro anche l'equipe di *E.R* e di Grey's *Anatomy*. Dopotutto l'ispettore Monk con la sua proverbiale ipocondria potrebbe dare una mano al cinico Dr. House. Servirebbe senz'altro la sfrontatezza di Shawn Spencer e la consulenza speciale di Patrick Jane. E le arti marziali di *Walker Texas Ranger*? Con un team così sono pronto a scommettere che tutto procederà per il verso giusto. Nel frattempo mi posiziono in poltrona e assisto ipnotizzato ad una nuova puntata di *Criminal minds*.

Magari tra una pausa e l'altra mi verrà in mente qualche altro salvatore o salvatrice della patria da contattare.

Tanto la verità è una scienza catodica, e dunque a cosa servono le prove processuali se non vengono poi confermate dai nostri beniamini televisivi?

Prima di incontrare nuovamente Dio per strada come *Joan of Arcadia* mi gusto una manciata di popcorn.

"Tutti noi abbiamo bisogno di credere in qualcosa: io credo che tra un attimo mi farò una birra" (Homer Simpson).

(29/04/2017)

Il tribunale delle fiabe

Dopo le scuse di J. K. Rowling per aver fatto morire Piton nella saga di Harry Potter il mondo della letteratura è in subbuglio. Don Abbondio scrive incazzato ad Alessandro Manzoni per averlo descritto come un vigliacco e un pusillanime. Cyrano de Bergerac cita in tribunale Edmond Rostand con la seguente motivazione: "Invece di farmi un naso enorme non potevi crearmi con un pene gigante? Lo sai il danno d'immagine che mi hai provocato?". Geppetto, invece, dichiara alla stampa: "Io creo da un ciocco di legno un burattino vivente e Collodi si prende i diritti d'autore? Ne parlerò presto da Barbara d'Urso in tv!". Mi avvisano che fioccano lamentele un po' da tutte le parti. Biancaneve è furibonda con Walt Disney per averla costretta a baciare un principe con l'alitosi, e con i fratelli Grimm per non averla resa libera dalla disgrazia di dover prendere marito. In verità tutte le principesse delle fiabe reclamano piena indipendenza dall'universo maschile. Frodo Baggins ha disertato l'ennesimo riconoscimento perché in lite con Tolkien. La sua risposta ad una giornalista della Terra di Buck è stata: "Lei ha la minima idea di cosa vuol dire rischiare la propria pelle per un fottuto anello? Ma andate tutti a quel paese! E per tutti intendo elfi, nani, umani e l'Oscuro Sire chiuso nella reggia tetra". Si prevedono querele à go-go da parte dei protagonisti di tutte le storie del mondo. Questa società va proprio a rotoli. Chi lo avrebbe mai detto che i personaggi dei capolavori letterari si sarebbero ribellati contro i loro creatori? In tal senso volevo chiedere un'opinione su Melville a Bartleby lo scrivano ma, come al solito, mi ha risposto: "Preferirei di no!". In attesa di sapere come andrà finire rileggo con attenzione le bozze del mio prossimo romanzo per non incappare in una denuncia da parte dei miei figli formati da fogli.

E vissero tutti infelici e scontenti.

(05/05/2017)

Alla ricerca dell'infelicità

Qualcuno mi ha chiesto via mail di scrivere una riflessione sull'infelicità. Caro lettore, cara lettrice eccoti una mia breve considerazione sull'argomento.

Ognuno di noi viene al mondo senza il proprio consenso. Nasciamo e poi ci emancipiamo grazie agli insegnamenti ricevuti e alle nozioni apprese. Nessuno però ci dice che tutti noi abbiamo un progetto di vita da seguire. James Hillman, grande psicologo e filosofo, lo sapeva bene. Aveva letto Platone e ne aveva condiviso la concezione dell'anima e il valore del mito. La nostra infelicità scaturisce dal non seguire i nostri progetti. Rinunciando al compiersi del nostro destino mettiamo a repentaglio la nostra felicità. Il daimon interiore, lo spirito guida che ci accompagna durante la nostra esistenza, può solo suggerire ed inviarci dei segnali. Spetta però a noi prendere le decisioni finali e realizzarle. Ovviamente tutte le volte che rinunciamo a qualcosa per non scontentare le aspettative degli altri diventiamo la causa principale della nostra infelicità. Parafrasando Kurt Vonnegut noi veniamo al mondo con una Virtù originale, altro che peccato! Questa virtù è già in noi e dobbiamo solo prendercene cura, proprio come una ghianda in attesa del suo naturale sviluppo. Troppe sovrastrutture imposte dalla società, e i desideri che gli altri proiettano su di noi alimentano la nostra frustrazione.

Crescendo bisogna capire ciò che si vuole e scindere i nostri desideri dalle aspettative dei nostri genitori. Una canzone scritta dal filosofo Manlio Sgalambro e Franco Battiato per Fiorella Mannoia dice: "Imparo dalle rose /Il movimento del dare/ Dagli insetti come difendersi e percepire / Dagli uccelli come si possa estrarre succo dalle foglie / Così parlo a te/ Che non so chi sei". I fiori esistono in modo spontaneo e in sinergia con il creato. Noi ci siamo barricati in strutture tanto fisiche quanto mentali che ci isolano dal Tutto che ci sta attorno. Siamo al contempo parte della natura eppure ci impegniamo a non frequentarla e a rifuggirla. Il filosofo americano Henry David Thoreau scappò dalla cosiddetta civiltà per vivere a contatto diretto con la natura. Immerso nei boschi si dedicava alla riflessione e alla scrittura. Grazie a questa esperienza nel 1854 pubblicò "Walden, ovvero la vita nei boschi". Il senso della sua opera era proprio quello di invitare il lettore a ritrovare le proprie radici in quanto essere naturale.

Ricordo ad esempio di aver dormito disteso sul prato di Central Park (NY) e di essermi sentito, al mio risveglio, quasi rigenerato. Paradossalmente tutte le mie negatività e infelicità erano state assorbite dalla terra per restituirmi una sensazione di tranquillità e benessere. Anche gli insetti hanno molto da insegnarci con il loro modo di vivere e di agire. Abbiamo anestetizzato la nostra sana animalità per abbracciare ideali e credi che ci hanno reso più disumani e più insensibili. La canzone continua dicendo:

"L'allegria ci passa accanto / Tra assordanti rumori /Abbiamo perso tempo e lacrime

E nella vita a sorridere e sopportare / Nelle chiese a non pregare / Nelle scuole a non comprendere / E ad ascoltare altre visioni del mondo".

Sordi ai richiami del mondo naturale non siamo in grado di capire quando la felicità transita vicino alle nostre vite.
Ci disperiamo per inezie e ci disinteressiamo dei problemi che riguardano l'umanità. Il mondo ci parla costantemente ma dobbiamo essere in grado di ascoltarlo. Non è nelle preghiere imparate a memoria che troveremo pace, né tanto meno ci salveremo ricordando alcune nozioni apprese sui banchi di scuola.
Dobbiamo accostarci umilmente alle varie visioni di questo mondo e scorgere il nostro progetto di vita. Dentro questo caos dobbiamo percepire la nostra essenza di luce, la nostra unicità. Ovviamente non sarà facile, ma nulla in questa vita può dirsi semplice.
Hillman è stato il padre della psicologia archetipica e definiva se stesso come 'figlio dell'anima'. L'anima ci parla continuamente e si serve di immagini da decriptare.
Pertanto quando ci sentiamo vuoti e senza significato ricordiamo che il nostro daimon ci invita costantemente a riappropriarci del contenuto originario.
Forse la soluzione è a portata di mano.

"Non essere consapevoli vuol dire non esistere" (Marshall McLuhan).

(11/05/2017)

25 anni senza Falcone e Borsellino

La voce della coscienza esiste davvero oppure è soltanto un residuo mitologico? Forse la coscienza individuale è una metafora filosofica come Atlantide, il continente sommerso narrato da Platone, o invece un'altra utopia come quel detto evangelico che recita "la Verità vi renderà liberi". Ogni qual volta osservo il mondo mi chiedo: ma dove sta la nostra coscienza quando commettiamo azioni imperdonabili?

Il 23 maggio di venticinque anni fa veniva brutalmente assassinato il magistrato Giovanni Falcone. In quel vile attentato persero la vita tre uomini della sua scorta e anche Francesca Morvillo, moglie di Falcone. All'epoca dei fatti avevo 12 anni e la cosa mi colpì molto. Mi colpì perché ero siciliano come Giovanni e poi perché mio padre lo ammirava tanto e lo seguiva sempre quando appariva in tv. Quell'anno per il mio compleanno chiesi in regalo l'album di Luca Carboni che si intitolava "Carboni". Nelle radio italiane impazzava il singolo *Ci vuole un fisico bestiale*, e come tutti gli adolescenti dell'epoca ero totalmente preso da questo tormentone. Ma all'interno del disco un'altra canzone aveva catturato subito la mia attenzione, *Alzando gli occhi al cielo*. Il testo dice: "Come fanno i capi della mafia a non pentirsi / come fanno certi potenti a non convertirsi / loro lo sanno quanto male fanno / loro lo sanno quanto è solo un uomo / e sanno bene quanta paura c'è dentro ad ogni cuore / e sanno bene come ci si arrende / come si arrende e come ci si stanca di sognare di cambiare il mondo / ma se per caso alzan gli occhi al cielo con un cielo come questo /come fanno a non cagarsi sotto a non sentire freddo".

L'album del cantautore bolognese uscì ben quattro mesi prima della morte di Falcone. La sua canzone aveva ampiamente anticipato un dramma devastante per l'intera nazione. Forse anche per questo le parole cantate da Carboni mi rimasero così impresse nella memoria. Come si può togliere la vita a un nostro simile e poi ritornare alla propria esistenza senza ripensamenti o rimorsi di coscienza? Quanto vale la vita di un essere umano se si può vivere con un peso così grande? E questi assassini sono mai tormentati dal rimorso, dalle immagini e dalle vite spente con così tanta facilità, oppure si sono assuefatti a tutto, anche all'odore e al colore del sangue umano?

Edgar Allan Poe scriveva: "A volte, ahimè, la coscienza degli uomini si carica di un fardello tanto orribile che riusciamo a liberarcene solo nella tomba. Così l'essenza del crimine rimane avvolta nel mistero."

Mi preme sottolineare che quando discutiamo di Giovanni Falcone non possiamo non parlare di Paolo Borsellino. I loro nomi non si dovrebbero scrivere separati ma attaccati. Infatti, ritengo appropriata la scelta del conduttore Fabio Fazio di chiamare "FalconeeBorsellino" il programma tv che andrà in onda su Raiuno per ricordare le stragi di Capaci e via D'Amelio. Insieme i due magistrati hanno combattuto per sconfiggere la mafia, e a venticinque anni dalla loro morte non possiamo celebrarli separatamente. Erano amici, colleghi ma soprattutto due uomini perbene. Questi due eroi civili, questi martiri della libertà non meritano un fugace e solenne ricordo annuale bensì un costante quanto reale riconoscimento quotidiano. I più piccoli invece di ammirare i supereroi dei fumetti dovrebbero appassionarsi alla vita di Giovanni e di Paolo, ai loro ideali e ai loro sacrifici. Le grandi azioni non sono mai prive di sofferenza e rinunce personali. Solo così riusciranno a capire che per compiere un vero atto eroico non occorre volare o possedere poteri straordinari, ma credere fermamente nel coraggio racchiuso nelle persone cosiddette normali. Umani che non sono figli di un Dio come Thor o frutto di un esperimento andato a male come Hulk, ma individui che hanno deciso di lottare per sconfiggere il male. Può sembrare un'ovvietà, e forse lo è, ma i più giovani devono imparare che nella normalità di un essere umano è racchiusa la straordinaria possibilità di cambiare veramente il mondo. Il mondo non ha bisogno di supereroi ma di persone oneste.

L'esempio di Giovanni e di Paolo non è stato vano. Loro mi hanno ispirato come un faro nella notte. Ricordo che dopo la morte di Falcone mi fu regalato il suo libro "Cose di cosa nostra" scritto con Marcelle Padovani. Leggendolo mi colpì molto questa frase: "Si muore generalmente perché si è soli o perché si è entrati in un gioco troppo grande. Si muore spesso perché non si dispone delle necessarie alleanze, perché si è privi di sostegno."

Caro Giovanni, Caro Paolo, con il vostro sangue innocente avete riscattato la dignità di una terra e di un popolo. Il mio popolo, il vostro popolo. Dirvi oggi grazie è ben poca cosa, ma ogni qual volta mi arrabbio con una terra matrigna come la Sicilia ripenso subito a Voi e torno a riappacificarmi con le mie origini. Perché nonostante tutto l'amore e odio che proviamo verso di lei "questa terra come la Ionia di Eraclito e Anassagora è magica, e richiama sempre coloro che gli appartengono, come se esercitasse un diritto. La legge dell'appartenenza" (Manlio Sgalambro).

(18/05/2017)

Fenomenologia di un incontro letterario

Si è concluso da poco il salone internazionale del libro di Torino, e nelle bacheche virtuali di molti facebookiari impazzano le foto con i loro autori preferiti. Sinceramente non ho mai compreso questa smania di vedere dal vivo l'autore che più si ammira. Non ho mai ambito a stringergli la mano, farmi un selfie e magari portarmi a casa un autografo personalizzato sulla copia del libro appena sfornato e acquistato. Per quanto mi riguarda incontro quotidianamente i miei scrittori preferiti e lo faccio tramite le pagine dei loro libri. Trascorro del tempo con Amélie Nothomb, Savater, Shakespeare, Mary Shelley, Dostoevskij, Flaubert, Verga, Pirandello, Salinger, Poe, Calvino, Eco, Platone etc., e non mi stanco mai, anzi! La lettura azzera la cronologia. Ogni appuntamento è una delizia per gli occhi e per la mente. Gli incontri non deludono mai le mie aspettative e, cosa più importante, io non deludo le loro. Uno scrittore vive tra le pagine dei suoi libri e non nei firmacopie che è costretto a fare per meri accordi editoriali. Ho avuto molti incontri con i miei autori preferiti dettati dal semplice fato. Mi spiego meglio. Anni fa, mentre passeggiavo per le strade di New York, incontrai Stephen King accanto al Gotham cafè, proprio come l'omonimo locale narrato dal re del brivido in "Tutto è fatidico". Lui mi guardò e mi sorrise con il suo modo così enigmatico da folletto e quegli occhietti piccoli che si celavano dietro il vetro degli occhiali. Quel sorriso fu la testimonianza di un incontro tra spiriti affini che si percepiscono senza stupidi convenevoli. Ho intrattenuto un rapporto epistolare molto bello con Luciano De Crescenzo. Sempre a New York ho assistito alla presentazione del libro di Khaled Hosseini e pur avendo acquistato la copia del suo libro rinunciai a farmelo firmare. Ho avuto il piacere di conoscere un anno prima della sua morte, e forse nella sua ultima apparizione pubblica, il filosofo Manlio Sgalambro. Quella volta anch'io restai all'incontro post presentazione per farmi firmare la copia. Non fu però premeditato bensì un'idea di un amico comune, nonché suo editore, che volle presentarci. Luciano De Crescenzo sostiene che per uno scrittore è molto meglio non incontrare i suoi fan, poiché i lettori potrebbero rimanere delusi dall'incontro con il loro beniamino letterario. Io concordo con Luciano. I miti sono come figure sacre, e ci si imbatte in loro soltanto nei lunghi corridoi dell'immaginario. Ma quale domanda potrei mai fare a Whitman o a Wilde? Cosa chiedere a Maupassant o Rimbaud? La mia ammirazione nei loro confronti è talmente smisurata che ringrazio il cielo di non doverli incontrare per non dovermi, a mia volta, ricredere del loro genio. Spesso mi chiedono di presentare i miei libri, e in passato l'ho fatto ma adesso non più. Chi desidera conoscermi può farlo leggendo i miei testi. La mia opera è in vendita ma la mia vita e il mio privato no. Solo ciò che decido di raccontare diventa pubblico. Conoscermi non aggiunge nulla alla magia che ti regala la lettura di un libro. Un libro pessimo non si tramuta in bello solo perché l'autore è carino e magari anche simpatico con noi, e viceversa. Come diceva Marcel Proust: "Ogni lettore, quando legge, legge sé stesso. L'opera dello scrittore è soltanto una specie di strumento ottico che è offerto al lettore per permettergli di discernere quello che, senza libro, non avrebbe forse visto in sé stesso". Sia ben inteso che non mi paragono minimamente a quei grandi nomi citati prima, non potrei. Dico solo che ho pubblicato anch'io qualche libro ed ho presentato diverse volte i miei volumi in giro per l'Italia, e nonostante i tanti attestati di stima ricevuti continuo a pensare che la mia presenza non ha aggiunto nulla al mio testo. La presentazione del libro celebra solo l'ego dello scrittore e non la sua opera. L'opera di uno scrittore ci dice tutto quello che c'è da sapere, e quello che non ci dice possiamo immaginarcelo da soli. Bisogna valorizzare molto di più l'assenza di uno scrittore e lasciar parlare, invece, la sua essenza racchiusa nell'opera.

"Rivelare l'arte e nascondere l'artista è il fine dell'arte" (Oscar Wilde).

(25/05/2017)

Sesso e preti in tv

Iniziamo con una semplice domanda: perché i preti vanno spesso in tv a parlare di sesso?

In ogni programma dedicato all'amore o alla morale sessuale indovinate un po' chi c'è sempre a farfugliare qualcosa? Naturalmente un chierico di santa madre Chiesa! Non solo ciarlano in tv, ma scrivono perfino libri su come vivere una sana e santa sessualità. Ma vi rendete conto? Per statuto sono uomini celibi che fanno voto di castità e poi diventano, tutto ad un tratto, esperti di sessualità!? A me i conti non tornano, non so a voi. Non dimentichiamo che il giovane arcivescovo di Cracovia Karol Wojtyla scrisse nel 1960 un'opera filosofica dal titolo: "Amore e responsabilità. Morale sessuale e vita interpersonale". La filosofa e amica di Wojtyla, Anna Teresa Tymieniecka disse: "Ciò che ha scritto (Wojtyla ndr) sull'amore e sul sesso dimostra la sua scarsa conoscenza del tema. Mi sembrava che fosse evidente che non sapeva di cosa stava parlando". Come può un sacerdote sapere quali dinamiche intercorrono tra due innamorati che vivono e sperimentano le gioie del sesso? E non dimentichiamo che la CEI di Ruini-Bagnasco e i papi non smettono mai di ricordarci l'importanza della famiglia e dei figli. Ma se sono così ossessionati dalla famiglia perché non ne hanno creata una tutta loro? Ufficialmente non sono padri carnali ma si fanno chiamare in

70

tal modo per trattarci come figli ed esercitare la loro autorità. A me sembra paradossale questo atteggiamento. Qui non si tratta di essere credenti, agnostici, atei o anticlericali ma di seguire semplicemente la logica. Io non sono padre e d'ora in avanti mi dedicherò a scrivere testi, e a tenere convegni sulla paternità e la gestione dei figli. Sono sicuro che se lo facessi mi sentirei ridicolo e insignificante. Come posso parlare con cognizione di causa di un argomento che non padroneggio?! È arrivato il momento per il Vaticano di occuparsi di fede e non di morale sessuale. Papa Bergoglio è l'unico pontefice a non manifestare quell'ossessione tanto cara ai suoi predecessori per la vita sessuale dei suoi fedeli. Infatti, i più conservatori lo attaccano per questo motivo. Non gli perdonano il suo continuo concentrarsi sul Vangelo e non su argomenti che non spetta a un prete giudicare. Bergoglio ricorda incessantemente ai credenti cristiani che dichiararsi tali significa mettere davvero in pratica le parole di Gesù. Forse questi soggetti trovano imperdonabile un papa che si dedica a portare avanti l'insegnamento evangelico ed è per questo che tentano di scalfire la sua autorità senza alcun successo. Un motivo in più per stimare umanamente questo papa[8]. Lui va avanti per la sua strada senza prestare attenzione a certi individui. Naturalmente io non lo vedo con gli occhi della fede che non ho, e dunque non lo percepisco come "il dolce Cristo in terra" (vedi Santa Caterina da Siena), ma solo come un uomo di pace (e non è mica poco!). Per caso vi siete dimenticati che con Joseph Ratzinger si finiva sempre a parlare di famiglia composta da uomo e donna, il valore dei figli e via discorrendo? Come si dice a Napoli "Dalle 'e dalle se scassano pure e' metalle". Io non dimentico che per la giornata della pace 2013 il papa emerito Benedetto XVI scrisse che le unioni

---

[8] Stimare umanamente qualcuno non vuol dire ignorare gli aspetti contraddittori del suo operato ma percepirne le sottili sfumature. So che quando era arcivescovo di Buenos Aires Bergoglio durante la votazione di legge del parlamento argentino sul matrimonio egualitario scrisse delle lettere poco gentili nei confronti delle persone gay. Il 22 giugno 2010 in una lettera alle suore carmelitane parlava di "rifiuto totale della legge di Dio". E più avanti definiva tale legge frutto del demonio: "Non è solo un disegno di legge (questo è solo lo strumento) ma è una "mossa" del padre della menzogna che cerca di confondere e d'ingannare i figli di Dio". Cfr. Piergiorgio Odifreddi, *Il papa e i matrimoni gay*, http://odifreddi.blogautore.repubblica.it/2016/01/22/il-papa-e-il-matrimonio-gay/. Riguardo il matrimonio gay non c'è alcuna differenza con il pensiero ratzingeriano ma bisogna comprendere che tutti i vescovi e cardinali, salvo rarissime eccezioni, ribadiscono sempre la stessa solfa sull'argomento. Se non si schiera contro le persone omosessuali difficilmente possono aspirare a posti di rilievo all'interno della Santa Sede. Bergoglio a mio avviso ha compreso che il papa, a differenza di un vescovo, deve abbracciare l'intera umanità. E quando si diventa pontefice non contano tanto le idee personali ma il bene della Chiesa intesa come comunità di credenti. Bisogna riconoscere che con papa Francesco non ci sono più attacchi alla comunità Lgbt, e come vedrete nei capitoli più avanti sono state molte le sue aperture alla società laica. Non ha proferito parola riguardo la legge sulle unioni civili in Italia e resta sempre fuori dalle questioni politiche del nostro Paese. Ratzinger invece non comprese mai che il ruolo di papa doveva mutare le sue posizioni personali. Per questo rispetto Francesco, perché fra tutti i pontefici da me conosciuti è il papa più equilibrato e umile. Fare il papa è un compito difficile e pertanto rispetto il suo tentativo di mediare le diverse posizioni di credenti e laici.

gay erano un vero attentato alla pace! Due persone che si amano metterebbero a repentaglio la pace nel mondo?!!! Io rimango basito e non aggiungo nulla, ma vi consiglio vivamente di leggere le opinioni del teologo Hans Küng sul pontificato ratzingeriano. Nei vari talk show quando si parla di divorzi, anticoncezionali, unioni civili ci trovo sempre un prete, mentre se l'argomento trattato è la pedofilia, la corruzione nessuno, e sottolineo nessuno, si sogna di invitare un sacerdote in trasmissione. Ma se il loro abito li autorizza a parlare di sesso perché non di frode bancarie, ingerenza e tanti altri argomenti? Non si può essere tuttologi a convenienza. Io trovo molto più preoccupante dei chierici che blaterano di sessualità i fedeli che credono ciecamente alle loro parole. Non li sfiora mai il dubbio che quelle frasi non andrebbero prese per oro colato? Se parlano di fede sono delle vere autorità, ma quando parlano d'altro la loro opinione vale quanto la vostra. La loro competenza però non sempre è dimostrata se pensiamo al commento fuori luogo pronunciato da quel vescovo italiano all'indomani della strage di Manchester[9]. Costui ha definito i bambini e gli adolescenti uccisi per mano dei terroristi in tal modo: "Figli miei, siete morti così, quasi senza ragioni come avevate vissuto. Pregherò per voi". Che orrore !!!!

---

[9] Inghilterra, 22 maggio 2017, presso la Manchester Evening News Arena, dopo la fine del concerto di Ariana Grande un terrorista di matrice islamica si è fatto saltare in aria uccidendo 22 persone tra cui diversi bambini.

Quando leggiamo certe invettive ricordiamoci che se la gente si allontana sempre più dalla religione è per persone così.

Ovviamente ognuno di noi è libero di scegliere autonomamente a chi e a cosa prestare attenzione. Io certamente non ho tempo da perdere con certi tuttologi dalla doppia morale che vivacchiano nei salotti televisivi.

"L'intelligenza non ha valletti, si serve da sé" (Aldo Busi).

(01/06/2017)

Wonder Woman

Anni fa mi occupai della sessualità dei supereroi. Il libro che conteneva tale saggio non uscì mai in Italia ma fu pubblicato da un editore americano. In alcune librerie newyorkesi circola ancora qualche copia usata del suddetto volume. In quel breve saggio ragionavo in merito alla sessualità di Superman, Batman, Spiderman etc., evidenziandone le numerose contraddizioni. Proprio in questi giorni debutta al cinema il film dedicato alla prima supereroina degna di nota: Wonder Woman. Chi è nato negli anni'80 non può non ricordare il telefilm trasmesso da Italia uno con una splendida Lynda Carter nei panni di Wonder Woman. Il film uscito il 1 giugno è già record di incassi al botteghino. La pellicola è diretta da una brava regista, Patty Jenkins (*Monster*) e la protagonista è interpretata dall'attrice israeliana Gal Gadot (ex soldatessa). Per quanto mi riguarda non andrò a vederlo ma tale interesse generale merita una piccola riflessione. È bene ricordare che Wonder Woman è una creazione di William Moulton Marston, psicologo e fumettista. Egli aveva conosciuto le vere eroine del femminismo come Emmeline Pankhurst e Margaret Sanger e decise di ispirarsi a loro per dare vita ad un personaggio in grado di rappresentare il girl power. Fu così che nel 1941 ideò Diana, una guerriera amazzone nata nell'isola di Themyscira. Tale eroina DC Comics per un determinato periodo di tempo ricoprì un ruolo non secondario, ma negli ultimi anni quasi nessuno si rammentava più di questa interessante figura mitologica. Eppure proprio l'anno scorso l'Onu aveva scelto Wonder Woman per rappresentare i diritti delle donne. Questa scelta di nominarla ambasciatrice provocò disordini e proteste e si raccolsero più di 40 mila firme per bocciare tale idea. Una delle tante motivazioni fu proprio quella legata alla rappresentazione stereotipata della figura femminile. Non possiamo negare che le intenzioni dell'autore erano ben diverse, ma è evidente che Marston ha attribuito alla sua eroina caratteri ben precisi. La Nostra protagonista fu ritratta in abiti succinti, in linea con lo stile delle pin up degli anni' 40. A questo vorrei però obiettare che nei supereroi il fattore sessuale è da sempre presente. Guardate la tuta di Batman degli ultimi film e noterete la meticolosa attenzione con cui si mettono in mostra sia i pettorali dell'eroe e sia i gioielli di famiglia di Bruce Wayne. E Superman e Captain America? Identico discorso. Per non parlare degli attori, dei veri sex symbol, chiamati ad interpretare tali personaggi. Dunque il sessismo non riguarda solo Wonder Woman alias Diana Prince, ma anche i suoi colleghi maschi. Le loro figure sono tipicamente caratterizzate e su questo non si discute. Il sesso dei supereroi affascina e mobilita l'attenzione del grande pubblico[10]. L'industria del porno ha attinto a piene mani dai

---

[10] Si rimanda alla lettura del capitolo "La sessualità dei supereroi".

supereroi per realizzare parodie hard con attori in costume. In verità il modo di fare l'amore dei supereroi affascina e allo stesso tempo disorienta il pubblico. Esistono anche soggetti che prediligono fare sesso con il/la proprio/a partner mascherati da supereroi. Nonostante questo rimane ancora un mistero la ginnica sessuale di Clark Kent-Superman ma poco importa. I supereroi si prendono così come sono stati creati. Senza ma e senza se. Dopotutto chi vorrebbe mai avere una relazione con un supereroe o una supereroina? Sai che gioia dividerli con il mondo intero! Meglio una noiosissima e stabile relazione fra esseri ordinari ma reali. Non trovate? Se non mi credete ascoltate la bellissima canzone dei Coldplay e The Chainsmokers *Something just like this* e capirete il senso di ciò che dico.

(08/06/2017)

Genitori e bambolotti

Recentemente mi sono imbattuto in alcune pubblicità alquanto inquietanti. In certi noti settimanali si sponsorizza la vendita di una bambola che riproduce realisticamente le fattezze di un neonato. Per ovvi motivi non posso citare l'azienda né riprodurre l'immagine dell'oggetto in questione, ma sono lontani parenti dei Cicciobello e probabilmente più eleganti. Forse questi macabri bambolotti alti circa 50 cm riusciranno a placare il desiderio di maternità e paternità insito negli umani? Cullando fra le mie braccia un pupazzo senz'anima mi potrò definire padre? Qual è allora il senso di questa stramba operazione di marketing? A quanto pare l'artista che ha realizzato tale 'creatura' intende donare ai genitori mancati la gioia di tenere fra le braccia un piccolo corpicino con lo sguardo imbambolato. Ovviamente la pubblicità ci tiene a sottolineare che il prodotto non è un giocattolo, bensì un oggetto da collezione unico, quasi raro. Non è un prodotto per bambini, ma per adulti desiderosi di figliolanza. Per carità, il bambolotto è un prodotto raffinato e ben fatto ma rimane pur sempre un oggetto inanimato. Esistono anche bambole "speciali" che ti stringono il dito. Queste sensazioni però mi inquietano. L'essere umano solletica la propria immaginazione con prodotti di qualità che riproducono qualcosa o qualcuno che esiste già in realtà. In altre parole si concedono istanti di felicità con surrogati di realtà. Diceva David Hull: "L'ipocrisia è

78

il lubrificante della società". Questi pupazzi bambini, questi feticci del desiderio umano non potranno mai supplire quel vuoto che si crea in noi. Ben scriveva Pier Paolo Pasolini nel libro "Lettere Luterane": "Il fondo del mio insegnamento consisterà nel convincerti a non temere la sacralità e i sentimenti, di cui il laicismo consumistico ha privato gli uomini trasformandoli in bruti e stupidi automi adoratori di feticci". Noi umani temiamo i sentimenti ma siamo preda del sentimentalismo. Non siamo buoni ma buonisti. Adoriamo gli oggetti che riproducono qualcosa, vedi alcune pratiche cattoliche dove si venerano statue raffiguranti santi e madonne. I feticci sono utili per comunità umane non evolute, quasi primitive ma non certamente per persone dotate di raziocinio. Se la vita non vi ha resi genitori non lo diventerete di certo acquistando dei bambolotti!

In "Jane Eyre" Charlotte Brontë scrive:

"Mi portavo sempre nel letto la bambola; gli esseri umani hanno bisogno di amare qualcosa e, in mancanza di un oggetto più degno di tenerezza, mi studiavo di provare piacere amando e vezzeggiando un piccolo idolo sbiadito, malridotto come uno spaventapasseri".

Dunque smettiamola di confondere l'apparenza con la realtà, e dedichiamo il nostro tempo ad emozioni e sentimenti reali. Nel mondo esistono tanti bambini in carne e ossa che aspettano un nostro abbraccio vero e sincero. Per una volta smettiamo di vivere sentimenti posticci, e ripiombiamo nella monotona ma concreta quotidianità.

(22/06/2017)

Omofobia ed esami di maturità

Giugno è il mese in cui si ricordano i moti di Stonewall e si susseguono nel mondo civilizzato le manifestazioni in sostegno del movimento Lgbt. Purtroppo in questo mese si verificano puntualmente anche episodi più o meno velati di razzismo. Personalmente mi sono occupato di tale piaga sociale nel mio ultimo libro "Canzoni contro l'omofobia e la violenza sulle donne"[11], e nonostante le numerose e importanti battaglie civili le cose sembrano, ahimè, non essere mutate. Ogni anno durante il periodo degli esami di maturità si riscontrano diversi episodi di omofobia in diverse parti d'Italia. Negli ultimi anni alcuni maturandi si sono imbattuti in commissari alquanto reticenti ad accettare e discutere tesine sulla storia dell'omosessualità e non solo. Alcuni di questi commissari si sono rifiutati perfino di ammettere opere letterarie o testi di canzoni che tratta(va)no l'argomento. Non parlo certamente di opere erotiche o di propaganda, ma di vera letteratura. Eppure le opere letterarie non hanno una sessualità e non possono essere discriminate. Tali docenti umanamente impreparati non riescono ancora oggi a comprendere l'essenza del loro lavoro e dell'intero sistema scolastico. L'omofobia interiorizzata non è meno grave di quella visibile.

---

[11] Il suddetto libro ha ricevuto anche il plauso del Presidente della Repubblica e della senatrice Monica Cirinnà.

La scuola è la sede adatta per affrontare questi argomenti, e gli insegnanti non possono rinunciare alla loro funzione di educatori. L'omosessualità è una variante naturale della sessualità umana e non ha certamente nulla di segreto o di scandaloso, e dunque non capisco tale ritrosia nel trattarla senza pregiudizi e fobie. Forse troppi anni di preconcetti, stereotipi e modelli catodici fuorvianti hanno accresciuto in questi docenti un senso di inadeguatezza e timore nell'affrontare tali tematiche con la dovuta preparazione e serietà. Cioè non toglie che queste paure irrazionali devono essere eliminate. Gli studenti devono sentirsi liberi di affrontare gli argomenti che toccano da vicino le loro giovani esistenze. Se la scuola non si adeguerà a tali istanze formative dovrà fare i conti con le informazioni distorte acquisite dai discenti attraverso chat e siti internet non qualificati. Diceva Don Milani "Quando avete buttato nel mondo d'oggi un ragazzo senza istruzione avete buttato in cielo un passerotto senza ali". Per esperienza personale posso aggiungere che all'università sperimentai anch'io una certa resistenza a trattare l'argomento omosessualità con professori allineati alle posizioni del Vaticano II (non mi riferisco certamente al concilio ecumenico ma alla visione "papacentrica" di Giovanni Paolo II). Rammento l'approfondimento del corso di filosofia morale dal titolo "Uomo e donna in famiglia" con un excursus storico tra le varie encicliche dei papi!

Oppure ricordo un feroce confronto con la docente di

letteratura italiana che non voleva riconoscere la straordinaria importanza dell'opera letteraria di Aldo Busi.

Per comprendere meglio il senso di certe preclusioni mentali ho intervistato alcune persone in merito al significato del termine pregiudizio. Eccovi, dunque, alcune opinioni raccolte. Simona, studentessa di psicologia, mi ha risposto: "Il pregiudizio è un meccanismo di difesa che attiviamo nel momento in cui la diversità dell'altro ci spaventa". Alina, invece, definisce il pregiudizio come "un'opinione certa ma errata su qualcuno. Per tirare avanti spesso avvertiamo il bisogno di sicurezza e consideriamo le nostre opinioni, la nostra morale come le migliori in assoluto. Così tutto quello che si discosta dal nostro punto di vista lo rigettiamo per non farci condizionare". Il signor Giovanni, benzinaio da quindici anni, afferma: "Il pregiudizio è un modo negativo per avvicinarmi al mio prossimo". Flaminia gestisce una panetteria in una zona periferica di Catania e mi dice: "Io credo che le persone gay sono esattamente come me. Non bisogna giudicare nessuno in base ai propri gusti sessuali, nazionalità o etnia. Quello che conta sono le azioni che facciamo e di certo non dipendono dalle persone che amiamo o con cui facciamo sesso".

La signora Mara è appena uscita dalla messa del mattino e alla mia domanda risponde con fare scortese facendosi un segno della croce. Evidentemente l'esempio inclusivo di papa Francesco non ha minimamente toccato la sua fede e il suo cuore.

Le opinioni da me raccolte evidenziano che a parole manifestiamo di essere emancipati e civili, ma nei fatti persiste ancora uno zoccolo duro d'ignoranza che non ci permette di compiere un salto di qualità notevole.

Forse aveva ragione Albert Einstein quando diceva: "È più facile spezzare un atomo che un pregiudizio". Pertanto mi auguro l'avvento di una società culturalmente evoluta in grado di oltrepassare gli steccati ideologici e annientare i pregiudizi e i soliti stereotipi. Dopotutto "Non bisogna farsi mai ricattare dalla stupidità altrui" (Umberto Eco).

(29/06/2017)

Traslocando

In vista di un imminente trasloco ho riportato alla luce frammenti di un passato distante anni luce dalla mia memoria e personalità. Rovistando fra scatole e scatoloni ho fatto un viaggio nei ricordi. Sicuramente alcuni vissuti con coscienza e altri un po' meno. Che strana sensazione rivedere i quaderni delle elementari, i primi sussidiari, i ritagli di giornale, le riviste, i giocattoli dell'infanzia etc. Più cestinavo e più mi accorgevo che in quei contenitori non c'era più il mio presente e nemmeno il mio futuro. Io come essere umano sono cristallizzato in una dimensione temporale che possiamo chiamare adesso, ma in verità abito un nonluogo! Io sono un progetto in fieri. Una idea partorita da qualche mente sognante che non ha fatto ancora pace con la realtà. Sono stato una determinata persona, e il tempo mi ha portato inevitabilmente altrove. Rivedere quegli appunti e andare immediatamente con la memoria a quell'istante in cui scrissi tutto mi ha riportato a vedere le cose con un certo distacco. In quelle scatole ho rivisto le mille prospettive che potevo attuare. Ho provato un certo sollievo nel buttare diverse porzioni della mia vita. Ho percepito le aspettative e i sogni infranti appuntati con uno spillo sul bavero dell'anima. Crescere significa anche fare i conti con una verità tangibile. Ora comprendo la sensazione di liberarsi di tutta quella zavorra che ti tiene ancorato al passato, e ti fa pensare a tutto ciò che poteva essere e non è mai stato. Ho vissuto forse mille vite senza essermene accorto. Chi era quel bambino che annotava le sue impressioni in quel diario? E quel ragazzo che scriveva con convinzione i propri pensieri? Chi lo sa! Di certo non io, o almeno non più.

«Scrivevo silenzi, notti, notavo l'inesprimibile, fissavo vertigini» (Arthur Rimbaud).

In un vecchio giornale ho trovato una riflessione della scrittrice Susanna Tamaro che fa al caso nostro: «Il grande dono che ci è stato dato è il libero arbitrio, cioè il poter scegliere. Scegliere vuol dire semplicemente avere due strade davanti e decidere di imboccarne una anziché l'altra. Scegliere non vuol dire anche rinunciare. Non so cosa c'era nell'altra strada, né mai lo saprò perché l'ho lasciate alle spalle e non posso più tornare indietro». È vero, non possiamo più tornare indietro, ma non possiamo nemmeno affermare che avevamo ampia facoltà di scegliere. La scelta è una iattura non un dono. Non esistono mai scelte giuste o sbagliate. Quando le hai compiute rifletti a posteriori sui benefici ricevuti o meno. Siamo liberi di scegliere tra due alternative ma nessuna di queste è realmente scevra da inganni. Ci illudiamo di scegliere, ma se a tavola hai pasta o pesce dovrai inevitabilmente optare per una delle due senza troppi tentennamenti. Io devo essere in grado di fare una vera scelta e non essere obbligato ad un bivio bloccato. Io non ho mai avuto facoltà di scegliere perché mi sono ritrovato a barcamenarmi fra l'apparire e scalfire la mia essenza, oppure autoingannarmi pensando di essere davvero libero. Come sosteneva John Stuart Mill: «La libertà di ogni individuo deve avere questo preciso limite: egli non deve essere di disturbo agli altri». Io, infatti, non ho mai disturbato gli altri ma tale principio non è stato certamente ricambiato, anzi. Ho sperimentato sulla mia pelle quanto diceva Sartre: «L'enfer, c'est les autres». All'esistenza dell'inferno post mortem non credo, ma alla gente che ti rende infernale la vita purtroppo sì! Chissà perché queste nullità che abbiamo avuto il dispiacere di conoscere emanano ancora un lezzo nauseabondo, proprio come le fogne di Calcutta, ed è proprio per questo che dobbiamo allontanarle. Questi umanotteri depensanti impestano l'aria con la loro malvagità morale e la loro puzza contagiosa, ma non dobbiamo farci contaminare da questa decomposizione interiore. Pertanto ritorno alle mie scatole, e nel frattempo solletico la mia riflessione con una canzone di Brunori Sas.

«La verità è che ti fa paura/ L'idea di scomparire/ L'idea che tutto quello a cui ti aggrappi/Prima o poi dovrà finire/ La verità è che non vuoi cambiare/ Che non sai rinunciare a quelle quattro, cinque cose a cui non credi neanche più».

(06/07/2017)

Paolo Limiti

Il 27 giugno scorso è scomparso Paolo Limiti. I teenager non lo conoscono, non seguivano certamente i suoi programmi tv, ma scommetto che canticchiano senza saperlo una delle tante canzoni scritte da Paolo. Ovviamente mi riferisco a *La voce del silenzio* interpretata da recente anche da Andrea Bocelli, Laura Pausini e Francesco Renga. Come dimenticare quell'incipit formidabile che fa: "Volevo stare un po' da solo per pensare tu lo sai, e ho sentito nel silenzio una voce dentro me e tornan vive troppe cose che credevo morte ormai ....vorrei una voce". Ho conosciuto di persona Paolo Limiti il 29 novembre del 2003 durante lo show targato Rai *Torno sabato...e tre*. Ricordo la sua giovialità prima della diretta. Lo chiamavano da ogni parte e lui replicava con gentilezza a tutti. Sembrava timido e riservato ma non appena si accendevano le telecamere era in grado di entrare immediatamente in sintonia con il pubblico. Era proprio nato per fare televisione. Limiti si sedette nella fila davanti alla mia per una buona mezz'ora e poi lasciò il suo posto per andarsene via o aspettare la fine dello show altrove. Paolo si intrattenne a scherzare con noi della stampa con grande cordialità e curiosità.

Ho iniziato a seguire Limiti grazie a mia madre che non si perdeva i suoi programmi televisivi in cui si ripercorreva la storia della musica e del cinema. Rimanevo affascinato da quest'uomo che conosceva ogni aneddoto e curiosità sulla lavorazione di un film o i retroscena di una canzone. Quando iniziava un racconto ti teneva inchiodato alla sedia, e il suo entusiasmo finiva per contagiare anche te. Non era pedante e ti rendeva partecipe dell'evento narrato. All'università mi chiamavano Paolo Limiti perché come lui ero appassionato di cinema e di musica. Mi piaceva documentarmi e raccontare agli amici le storie che si nascondevano dietro alcuni successi. Il vero sapere si condivide e non si rinchiude in una piccola cassaforte. In fondo questo faceva Limiti con i suoi spettacoli; condivideva con il suo pubblico ciò che lo entusiasmava di più. Certo, i colleghi universitari mi chiamavano 'Paolo Limiti' con un tono ironico. Il Paolo nazionale rappresentava per loro il passato, e di conseguenza io ero percepito come un intellettuale d'altra epoca interessato a cose un po' démodé. In altre parole mi vedevano come un marziano sbarcato sulla terra. La cosa però non mi offendeva, anzi. Molte erano le affinità che mi legavano a Limiti. Come Paolo anch'io rimasi da bambino affascinato dal cinema americano, soprattutto quello di un tempo. Con i miei coetanei non potevo certo parlare di Joan Crawford, Bette Davis, Montgomery Clift, Clark Gable e altri miti del cinema. Nei suoi programmi, invece, lui dava spazio alle star di Hollywood che avevano reso grande la settima arte. Come spiegare ai più la sensazione che si prova quando ti trovi in un teatro di Broadway, le luci si spengono e parte la musica? Oppure con quali parole definire la gioia di ascoltare la voce straordinaria di Barbra Streisand? Paolo lo sapeva e si nutriva di queste emozioni.

Quante puntate dedicate alla magia di Broadway e ai musical più longevi di tutti i tempi.

Ma Paolo Limiti non era solo storia e quindi ricordi, bensì si interessava alla contemporaneità tenendo ben presente che nulla può essere compreso se non si conosce il nostro passato. Più volte è stato offeso ed etichettato come un nostalgico, uno che viveva cristallizzato nel passato ma non era affatto così. Aveva mille interessi e mille talenti.

Paroliere, conduttore, inventore di format televisivi e anche animalista convinto. Paolo Limiti era un vero amico degli animali e non perdeva occasione per discuterne. Nei suoi programmi inseriva rubriche quotidiane in cui affrontare le problematiche dei maltrattamenti agli animali.

Paolo si prodigava attivamente per aiutare i nostri amici a quattro zampe a trovare una nuova famiglia. Aveva classe anche quando s'indignava. Ricordo che quando si arrabbiava con i criminali che maltrattavano i cani lui diceva: "Vi auguro ogni bene"! Era chiaro che il senso della frase augurata era l'opposto, ma detta in tal modo risultava ancora più efficace. Con la morte di Paolo Limiti finisce una televisione elegante, garbata, istruttiva e genuina.

Desidero, infine, ricordare una massima che Paolo ripeteva spesso nei suoi show e che ho sempre apprezzato: "Ricordati di essere gentile quando sali le scale perché prima o poi dovrai scenderle anche tu". Un caro saluto a Paolo Limiti "Uno dei pochi che conosceva quello di cui parlava" (Gene Gnocchi).

(12/06/2017)

England rose

Sono trascorsi ben 20 anni dalla morte di Lady D. Un lasso di
tempo che ha permesso alla principessa del Galles di diventare
un mito, e di cristallizzare la sua figura nell'immaginario
collettivo. Diana Spencer era una donna libera che rifiutava
ogni forma di pregiudizio. Era, in un certo senso, una vera
outsider che ha tentato di cambiare il volto della monarchia
inglese. Devo ammettere che il Regno Unito ha sempre
esercitato un fascino potente sulla mia vita. Chi non ha vissuto
gli anni'80 e '90 non può immaginare il carisma di Diana, e
dunque non può comprenderla fino in fondo. Quando si muore
nel fiore degli anni si rischia di divenire presto un santino da
venerare. Diana era destinata a diventare regina d'Inghilterra
in quanto consorte del primogenito di Elisabetta II, Carlo, ma
il suo dramma personale non lo rese possibile. Il suo
matrimonio tormentato con l'erede al trono iniziato nel 1981 si
concluse ufficialmente nel 1996, e di conseguenza questo
inevitabile passaggio sancì la fine del suo rapporto con la casa
reale. La sua tragica morte nel Pont de l'Alma di Parigi spense
per sempre il sorriso sul suo volto. Nel 1998 andai per la prima
volta in Inghilterra. Per me che adoravo quel paese era un
sogno che si concretizzava. Avevo girato il mondo in lungo e in
largo ma il Regno Unito non lo avevo ancora visitato. Dopo
aver reso omaggio a Canterbury e a Geoffrey Chaucer arrivai a

Londra. Londra era il centro dei miei studi e delle mie attenzioni. Sono uno shakespeariano convinto e non potevo non visitare il Globe Theatre. Da questa città sono passati anche i miei miti musicali: I Beatles, Elton John, David Bowie, George Michael e Freddie Mercury. Lady Diana era morta soltanto un anno prima e nei nostri occhi era ancora presente la commozione suscitata dal suo funerale. Mi recai anche nel Northamptonshire per visitare il suo luogo di sepoltura, Althorp House, dimora della famiglia Spencer. Diana non aveva paura d'amare, e di esternare il suo amore incondizionato per i suoi due figli. Non nascondeva le sue fragilità e i suoi malesseri esistenziali. Era la principessa del popolo e non voleva ingannarlo. Aveva compreso che attorno alla sua figura ruotava l'attenzione dei media, e proprio per questo decise di adoperarsi per delle importanti cause umanitarie. Andò in Angola per sensibilizzare l'opinione pubblica sulle mine antiuomo disseminate nei campi. Sposò la lotta all'AIDS e fu anche Madrina delle arti e patrocinò diverse cause ed eventi per raccogliere importanti donazioni in favore dei soggetti più deboli. Da poco aveva ritrovato una stabilità affettiva con Dody Al-Fayed, morto anche lui nello stesso incidente del 31 agosto del 1997. Visitai il grande magazzino Harrods e rimasi sorpreso nel vedere che il padre di Dodi, Mohammed Al-Fayed, all'epoca proprietario del negozio aveva allestito al suo interno un altare commemorativo con la foto di Diana e il figlio. Nel '98, prima di rientrare in Italia, visitai

93

nuovamente la mia amata Parigi, ma questa volta volevo recarmi al Pont de l'Alma. Devo dire che osservando attentamente il luogo della sua morte mi sfiorarono diverse perplessità sulle dinamiche dell'incidente. Non sono un complottista ma non credo alla versione ufficiale. Ricordo la quantità immane di messaggi dedicati a Diana lasciati ai piedi della torcia che sovrasta il tunnel. La sua giovane vita si era spenta come una candela al vento, proprio come la canzone che Sir Elton John aveva cantato al suo funerale. Non voleva diventare un'icona ma la sua morte l'ha consegnata per sempre alla leggenda. Diana era una donna sensibile in cerca di pace e spiritualità, ma era anche una madre affettuosa che seppe trasmettere ai suoi figli, William e Harry, il valore della normalità. Il loro essere principi non doveva in alcun modo distoglierli dalla consapevolezza di essere vicini al popolo e alle loro problematiche. Lei diceva: "Voglio che i miei ragazzi imparino a comprendere le emozioni delle persone, le loro insicurezze e preoccupazioni, le loro speranze e i loro sogni". A vent'anni dalla sua scomparsa mi piace ricordarla con il suo bellissimo sorriso, con i suoi limiti e i suoi pregi perché Diana era una persona reale, e non un personaggio inventato. Ha speso ogni energia per rendere la monarchia un'istituzione al passo coi tempi. In qualche modo riuscì a rendere più umana la famiglia Windsor. Se la casa reale appare molto meno ingessata lo si deve proprio alla timida maestra diventata in breve tempo la beniamina del popolo.

Ma Diana capì anche che la solidarietà è un valore aggiunto da sperimentare quotidianamente nelle nostre vite.

"Fai un atto di bontà, casuale, senza aspettativa di ricompensa, e stai sicuro che un giorno qualcun altro potrebbe fare lo stesso per te" (Lady D).

(26/07/2017)

Falso d'autore

Bisogna sempre discernere l'opera dal suo creatore, e non lasciarsi mai trarre in inganno dalla creatura. Mi è capitato di entusiasmarmi per un testo che trasudava da ogni pagina sensibilità e impegno civile, ma conoscendo meglio l'autore mi sono accorto che non possedeva affatto tali doti umane. Era solo civetteria divertita, un tonitruante artificio messo in atto per emozionare il lettore. Come dicevo prima ho conosciuto l'autore e l'ho trovato volgarmente tronfio, vanitoso e superficiale. Il suo libro mi aveva trasmesso un messaggio che non corrispondeva in alcun modo alla persona che lo aveva scritto! Come si può essere al contempo Dr. Jekyll e Mr. Hyde? Io sono ciò che scrivo, e chi mi conosce sa che non sono poi così diverso dal contenuto racchiuso nei miei libri, e più in generale nei miei scritti. Mah! Si vede che appartengo ad una razza in estinzione. Esistono, purtroppo, carogne travestite da attivisti pro umanità che si danno da fare per lisciarsi il pelo davanti allo specchio. Vanesi anche durante l'atto creativo. Dunque non cadiamo nelle trappole sapientemente costruite per abbindolarci con racconti di facciata. Dopotutto, aveva ragione Amleto quando si chiedeva: "Essere o non essere, questo è il problema". Essere, infatti, è il vero problema dell'umanità! Alla prossima cari.

(02/09/2017)

Diritti civili e tv

Anche i programmi televisivi possono contribuire ad accrescere il senso civico degli individui. Le rivoluzioni sociali talvolta transitano prima dai salotti catodici, e subito dopo si concretizzano in manifestazioni e cortei per ottenere il pieno riconoscimento dei propri diritti. Il talk show di Maria De Filippi *Uomini e donne* ha contribuito non poco a sdoganare il tema dell'omosessualità in una fascia oraria seguitissima dai giovani, ma soprattutto dai meno giovani. L'inserimento del trono gay all'interno del programma ha fatto comprendere al pubblico l'assoluta normalità dell'amore tra persone dello stesso sesso. In amore le dinamiche affettive non conoscono differenze legate all'orientamento sentimentale e sessuale delle persone coinvolte. Etero e gay amano allo stesso modo. Nel 1977 Roland Barthes, filosofo francese, ha affermato che: "Il sentimento amoroso è un sentimento unisex, come i jeans e i capelli, adesso. Ai miei occhi è molto importante (...) Penso che si ritroverà esattamente la stessa tonalità nell'uomo che ama una donna, nella donna che ama un uomo, nell'uomo che ama un uomo e nella donna che ama una donna". Maria De Filippi ha ben compreso questo principio, e difatti ha deciso di combattere il pregiudizio omofobico in tv scardinando i soliti luoghi comuni. L'omofobia si combatte anche in televisione azzerando i soliti cliché legati al mondo Lgbt. Come ha dichiarato la stessa conduttrice: "Io non ho fatto il trono gay per una comunità gay risolta nella vita che non ha bisogno della De Filippi che la rappresenti, ma per tanti ragazzini che chiedevano aiuto a 'C'è posta' per dichiararsi in casa o perché discriminati a scuola. Dalla televisione conosci e impari. Io vivo in una realtà ovattata, in una città come Roma, ho tanti strumenti e fortune. In altri paesini sperduti d'Italia è più difficile spiegare e capire le cose". Ovviamente la televisione non è l'unico luogo per parlare di omofobia ma sono ben accette tutte le modalità pensate per educare un pubblico numeroso e di stampo tradizionalista. Se sai di condurre uno spettacolo seguito da milioni di persone puoi assumerti anche la responsabilità di cambiare la prospettiva di certa gente e combattere i loro stupidi pregiudizi. Una responsabilità che Maria De Filippi[12], a differenza di altri colleghi e colleghe, si è assunta già da diversi anni e in altri suoi programmi (pensiamo ad alcune puntate di *C'è posta per te* e le coreografie di *Amici*). Pertanto anche se non appartengo al pubblico che segue *Uomini e donne* mi sento di elogiare la sensibilità umana di Maria De Filippi.

(25/09/2017)

---

[12] Maria De Filippi ha dichiarato al settimanale *Oggi* di aver ricevuto minacce anonime, e di essersi quindi rivolta alla Digos per denunciare tali individui. Anonimi omofobi si sono scagliati contro la conduttrice per aver introdotto nel programma il trono gay. http://www.ilgiornale.it/news/spettacoli/maria-de-filippi-rivelazione-minacce-anonime-ora-tremo-1466646.html

Nomen omen

Detesto quando perfetti sconosciuti mi chiamano Cristiano pensando di voler porre rimedio ad una vocale omessa per celia, vanto o follia. Io non mi chiamo Cristiano ma Cristian! Nacqui senza quella vocale e non mi è stata asportata d'urgenza. Proprio per tale motivo non accetto correzioni e corruzioni postume. Sia ben inteso che non ho nulla contro il nome Cristiano ma semplicemente non è il mio nome. Devo fare valere le mie ragioni in un mondo di squinternati convinti sempre di sapere tutto e di parlare con le anime di vocali defunte o mai venute al mondo. Come il personaggio de "Il sesto senso" vedono i fantasmi di antichi abbecedari aggirarsi intorno. Questi soggetti che si prendono la briga di chiamarti con un nome che non ti appartiene mi danno su i nervi. Vogliono fare i saputelli ma dimostrano soltanto la loro ignoranza. Pensano di insegnare a me, il legittimo depositario, come si scrive o pronuncia il mio nome? E poi se osservi le loro misere vite ti accorgi che hanno modificato già da tempo il loro nome dichiarato all'anagrafe. Certamente per rivalsa contro il mondo vogliono fare scontare a me l'usanza retriva dei loro genitori di avergli affibbiato il nome dei propri nonni! Ma non è tutto. Mi è capitato di imbattermi in una casa editrice, e più precisamente in un ufficio stampa che si rifiutava di chiamarmi con il mio nome perché gli ricordava Gesù e il cristianesimo e dunque preferiva ometterlo e passare direttamente al secondo nome. Ma vi rendete conto? Io sono disgustato. Devo essere io non credente a difendere certe situazioni? In cuor loro vorrebbero farmi scomparire e annullare la mia essenza e rendermi a loro immagine e somiglianza. Vogliono dirti come vestirti, come pensare, mangiare e chi amare ma con me non ci riusciranno. Non sarò mai una vostra cavia da laboratorio né tantomeno un diversivo tra l'ufficio e il Sudoku. In tal senso mi sovviene quella splendida canzone di Lucio Battisti scritta con Pasquale Panella che dice: "E scrivi che non esisto quaggiù / che sono l'inganno /Sinceramente non tuo /(sinceramente non tuo) /Qui Don Giovanni ma tu dimmi chi ti paga".

Ma appunto chi paga così tanta arroganza? Chi fomenta questi perdigiorno, questi ficcavocali a nostra insaputa? Se per comodità decidiamo di chiamare tutti allo stesso modo perché non chiamiamo pesce la balena?

"Nominare male le cose, è partecipare all'infelicità del mondo".

(Albert Camus)

La musica muore

Nel 1975 Juri Camisasca lanciò un grido d'allarme nel brano *La musica muore*. Di quest'agonia purtroppo ne avvertiamo prepotentemente i segnali soltanto oggi. Siamo inondati di musica che non comunica nulla. Brani arrangiati in modo eccelso solo per catturare la nostra attenzione ma che sostanzialmente non ci trasmettono nessun contenuto di valore. Tutto si è ridotto alla sintesi di "Yo Contigo, Tú Conmigo" e sia ben inteso che non ho nulla contro Alvaro Soler. Non è più una questione di tormentoni estivi. Ogni stagione dell'anno è utile per fabbricare un motivetto insulso in grado di accalappiare i consensi della massa.

Questi cantanti hanno un potere straordinario nelle loro mani e non lo sfruttano fino in fondo. Potrebbero cantare e dunque raccontare il disagio e le disillusioni della gente e invece optano per delle banali canzoni d'amore. In tal modo il successo è garantito. Vogliono vincere facile e chi non si adegua alla massa è definito cantante di nicchia. Rimpiango la generazione di cantautori come Guccini, Vecchioni, Finardi, Branduardi, per citarne solo alcuni, che non hanno costruito le loro carriere su canzonette sdolcinate. Sono stanco di accendere la radio e sentire nel 99% dei casi motivetti infarciti di rime fatte solo di cuore, amore e sesso. L'amore di cui questi parlano non si riferisce mai ad un sentimento universale per il prossimo ma è inserito esclusivamente in un banalissimo rapporto di coppia. Per questi cantanti l'amore è solo e soltanto un sentimento sessualmente orientato e non una forza cosmica che sconvolge l'anima ancor prima del corpo. Mi chiedo dunque perché i grandi artisti non si concentrano su argomenti un po' più sensati? Forse perché il loro ingegno si è sensibilmente assottigliato! Senza sottolineare che alcuni di loro invecchiando hanno sviluppato una credibilità e sensibilità pari allo zero, e di conseguenza quando si cimentano in canzoni che parlano di relazioni amorose diventano semplicemente ridicoli. Il tempo passa per tutti, e i testi imbarazzanti che non si perdonano nemmeno ai liceali in preda alle prime tempeste ormonali non possono essere poi concessi ad artisti di un certo spessore! Se non si è più in grado di fare arte allora forse è meglio ritirarsi dalle scene per non compromettere una carriera onorata. Quando si riempiono gli stadi o i palasport e si dominano le classifiche bisogna avvertire una certa responsabilità nel veicolare messaggi di impegno civile. Il pubblico va educato e fortunatamente esistono tanti artisti che lo hanno capito, ma ahimè ognuno di loro verrà sempre surclassato dal *Despacito* di turno perché parafrasando Heidegger, il nulla nulleggia. Ed è questo che mi preoccupa. Anche Francesco De Gregori manifesta una certa preoccupazione per la musica contemporanea, tanto da definire il pop di oggi "insopportabile"[13]. Più si ignorerà la funzione reale della musica e più ci avvieremo verso il completo declino denunciato da Theodor Wiesengrund Adorno. Adorno aveva compreso con largo anticipo l'avanzare di una musica massificata creata appositamente per annullare l'individuo e renderlo succube delle mode del momento. Ma c'è ancora speranza per la musica contemporanea? Non lo so. Forse:

"L'Impero della musica è giunto fino a noi

carico di menzogne /mandiamoli in pensione i direttori artistici/gli addetti alla cultura...

e non è colpa mia se esistono spettacoli/Neon fumi e raggi laser se le pedane sono piene di scemi che si muovono.

Up patriots to arms, Engagez-Vous

la musica contemporanea, mi butta giù" (F. Battiato).

---

[13] M. Pagani, *Non è più tempo di raccontare storie*, Vanity Fair n. 49 del 13/12/2017, p. 140.

Una spada per Lady Oscar

Chi ha più o meno la mia età si ricorderà quasi sicuramente del cartone animato "Lady Oscar" andato in onda in tv proprio agli inizi degli anni '80. La storia di Oscar François de Jarjayes, capitano delle guardie della regina nel palazzo di Versailles, ha accompagnato piacevolmente la nostra infanzia. Grazie a questo anime abbiamo imparato a familiarizzare con la Storia e la Rivoluzione Francese. La serie animata (ben 40 episodi) prende spunto dal manga ideato da Riyoko Ikeda e dal titolo "Versailles no Bara" nel 1972. La prima canzone italiana cantata dai *Cavalieri del re* nel 1982 diceva:
"Grande festa alla corte di Francia, c'è nel regno una bimba in più/ biondi capelli e rosa di guancia Oscar ti chiamerai tu.
Il buon padre voleva un maschietto ma ahimè sei nata tu
nella culla ti han messo un fioretto, lady dal fiocco blu".

Fin dai primi versi vediamo un padre deluso per la nascita della sesta figlia femmina. Questa delusione segnerà indelebilmente il destino della figlia. Il rifiuto paterno è caratterizzato da quell'"ahimè" della canzone in cui si avverte il senso di sgomento dell'uomo che crescerà Oscar proprio come un maschio. Il padre, un nobile dell'epoca, è un generale del re Luigi XV e decide di far diventare Oscar il figlio maschio che non ha mai avuto. Solamente così potrà salvaguardare il suo patrimonio culturale e tramandare il suo sapere militaresco.

104

Oscar fin dalla più tenera età si forma presso l'accademia militare di Francia. Tale educazione in fase adolescenziale risulta destabilizzante per la sua vita. Per anni deve soffocare e ignorare i sentimenti che nutre verso gli uomini e soprattutto quelli per il compagno di avventure André Grandier. Oscar è una donna divisa e combattuta tra gli obblighi nei confronti della famiglia e quelli verso la nobiltà a cui suo malgrado appartiene. Oscar nonostante le sue nobili origini parteggia per il popolo e ne comprende le istanze motive. La sigla di apertura giapponese diceva: "Sono nata per vivere sgargiante e con intensità. Le rose, le rose sbocciano orgogliose". Ai tempi nessuno parlava di fantomatiche teorie gender[14], mentre oggi si insiste molto su tali assurdità che non trovano un reale

---

[14] La sociologa Graziella Priulla spiega in modo chiaro ed inequivocabile tale fenomeno: "(I no gender ndr) Sono gruppi di cattolici fondamentalisti organizzatissimi – da Manif pour Tous a Militia Christi – collegati con settori politici dell'estrema destra e con la Lega. Hanno un'attività politica mirata, che svolgono ormai da un anno e mezzo; in Italia si sono dimostrati particolarmente attivi, anche perché qui le famiglie sono un po' sprovvedute, e questi le indottrinano inventando ogni sorta di bufala e imponendo una definizione di qualcosa che non esiste. Ma poi, si sa, a forza di dire che il diavolo esiste, il diavolo è stato inventato". Sull'esistenza delle teorie gender Priulla afferma: "Una teoria presuppone che ci sia una formulazione sistematica di pensiero e che ci siano dei testi che lo esprimono; invece, purtroppo per loro, non esiste niente di tutto questo. Esistono, invece, gli studi di genere, che sono tutta un'altra cosa. Per esempio, io studio in Sociologia per quale motivo le retribuzioni medie delle donne siano inferiori a quelle degli uomini. Questa è teoria o è una domanda legittima? Invece loro ci accusano di insegnare la masturbazione ai bambini. Una cosa inimmaginabile". Priulla specifica inoltre che l'interesse dei no gender: " è quello di combattere qualunque legge contro l'omofobia così come tutto quello che riguarda le unioni civili, perché in realtà la loro paura è che si accetti l'omosessualità come una delle varianti dell'orientamento sessuale umano, visto che loro sostengono che è una malattia, una perversione, un peccato. È sempre lì che vanno a parare. Sono terrorizzati e terrorizzano le famiglie. Pensi che Famiglia Cristiana ha pubblicato un decalogo delle parole che a scuola non vanno pronunciate: sesso, genere, affettività... altrimenti bisogna ritirare i figli da scuola". http://www.siciliainrosa.it/gender-e-pregiudizi-priulla-il-loro-problema-e-lomofobia/

riscontro nel mondo reale[15].

L'Italia però trasmise gli episodi con diverse censure preventive. Cito a mo' d'esempio l'episodio in cui appare Rosalie Lamorliere che si offre ad Oscar in cambio di soldi perché lo scambia per un uomo. Per il pubblico italiano l'identità di Oscar non è un segreto, mentre in Giappone veniva chiamata con appellativi tipicamente maschili come "colonnello" o "signore". Mi rattrista pensare a quei soggetti che vedono in un cartone animato come Lady Oscar un attacco ai valori "tradizionali" in cui credono. Guardando indietro io trovo molto più avanti e rivoluzionaria la tv di un tempo perché non temeva di rappresentare il volto di una realtà ben poco conosciuta, e soprattutto non temeva di scardinare la stereotipia di genere. Oscar ha dimostrato che una donna non è meno abile nei lavori tipicamente maschili. In quali e in quanti cartoni di oggi si parla di parità di genere? Quasi

---

[15] Per approfondire l'argomento si consiglia la lettura dell'interessante volume di M. Marzano, *Papà, mamma e gender*, Utet, Novara 2016.

nessuno[16]! In Italia le forze armate hanno accettato le donne solo nel 2000 e cioè ben diciassette anni fa. Ma Lady Oscar non è certamente l'unica eroina ad aver aiutato le bambine e i bambini a saper guardare oltre le stereotipie di genere. Nel 1975 nacque il cartone animato "Il Tulipano nero" ("La Seine no Hoshi") ideato da Masaki Osimo e Yoshiyuki Tomino. A dispetto del titolo italiano protagonista della serie non è il Tulipano nero ma la Stella della Senna. La giovane fioraia Simòne Loraine diventerà paladina dei diritti dei più poveri combattendo ogni forma di disparità sociale. Ma la giovane eroina non sa che lei è la sorella della regina Maria Antonietta. Quindi Simòne si avvierà verso un destino che le farà odiare ciò che invece dovrà imparare ad accettare e amare. Infine, come non ricordare la giovane Pollon nipote di Zeus e figlia di Apollo? "Pollon" è tratto dal manga di Hideo Azuma e si ispira per le ambientazioni ai miti greci. Pollon desidera diventare una dèa e non esita a mettersi nei guai per raggiungere i suoi obiettivi. È una ragazzina tutta pepe che non

---

[16] Fortunatamente la Disney nel 2012 ha prodotto un film animato in grado di rappresentare l'universo femminile al di là dei soliti ruoli stereotipati legati al genere. Mi riferisco a "Ribelle - The Brave" che ha vinto nel 2013 anche un Oscar. Grazie alla regista Brenda Chapman le bambine possono intravedere nella principessa Merida un modello di ragazza indipendente. Brenda si è ispirata a sua figlia Emma e in tal modo è riuscita a svecchiare il reame Disney dove tutte le principesse, o quasi tutte, per realizzarsi devono dipendere tassativamente da un principe azzurro o un marito. Unica eccezione Bella del cartone "La Bella e la Bestia" (1991) a cui ha lavorato anche Brenda Chapman, e il film uscito nel 2017 con la regia di Bill Condon. Poi ci sono principesse che devono dimostrare il loro valore travestendosi da maschio come la protagonista della serie tv "Fantaghirò" andata in onda su Canale 5 negli anni '90 e molte altre personagge che non possono ovviamente essere citate in questa sede.

accetta i ruoli prettamente destinati alle donne ma decide di vivere la sua vita senza preclusioni mentali. Questi sono solo alcuni esempi dei cartoni anni'80 dove la femminilità (e non solo) veniva rappresentata in modo variegato. Come ha ricordato l'iconica Cristina D'Avena: "Gli anni Ottanta sono sempre rimasti dentro di noi e ora sono riapparsi. Si sono un attimo assentati, ma sono stati così belli che il loro ritorno era prevedibile. Sono stati preziosi per la musica, la comunicazione e la società. Hanno gettato le basi per quello che siamo diventati, forse per questo fanno ancora battere il cuore". La regina delle sigle dei cartoni animati ha aggiunto: "Anche i contenuti sono mutati, non c'è più la storia del bambino orfano, ad esempio. Un tempo raccontavano storie molto tristi, fatte da personaggi umanamente ricchissimi. Ora, i cartoni sono più futuristi, ma meno emotivi e un po' più freddi. Certamente più divertenti e proiettati verso il futuro, ma meno amorevoli"[17].

Sarò un tipo nostalgico ma rimpiango gli anni della mia infanzia.

[17] https://www.ilfoglio.it/musica/2017/11/17/news/il-ritorno-dei-mitici-anni-ottanta-quando-i-cartoni-raccontavano-una-storia-163929/

Il valore della laicità

Alcuni mesi fa è scoppiato uno scandalo ripreso da molti quotidiani e telegiornali. A Palermo un preside di una scuola elementare ha tolto dal corridoio del proprio istituto le statue della Madonna, del sacro cuore di Gesù e le foto di diversi pontefici. Apriti cielo. Subito a scomodare il relativismo e la perdita del valori morali che hanno contribuito a fondare la nostra Repubblica. Si è susseguito un chiacchiericcio mediatico senza comprendere che a scuola si va per imparare e non per pregare, e dunque non capisco questa assurda strumentalizzazione. Una scuola pubblica deve essere totalmente laica, aperta a tutti anche a chi non crede a niente o a divinità non cattoliche o cristiane. Il preside ha semplicemente attuato quanto scritto in una circolare del 2009 dove si stabiliva che non dovevano esistere scuole confessionali. Ecco spiegato il divieto di pregare in classe. Una scelta di alto senso civico che condivido in pieno. Nessuno si è schierato con il preside, a parte il provveditore agli studi di Palermo, mentre la stragrande maggioranza si è coalizzata in favore di Santa madre Chiesa. Infatti il preside ha dovuto cedere alle enormi pressioni ricevute e rintrodurre le preghiere in classe. Le associazioni cattoliche unite e compatte ai partiti di (estrema) destra hanno fomentato la notizia ed incitato i genitori ad inviare in classe i propri bambini muniti di rosario. Trovo francamente inopportuno e vigliacco quando si utilizzano i bambini per lanciare messaggi a loro estranei. I bambini non nascono cristiani, musulmani, ebrei, buddisti o atei ma sono semplicemente se stessi. Richard Dawkins sostiene: "Non esitiamo a dire che un bambino è cristiano o che è musulmano, quando in realtà sono troppo piccoli per comprendere argomenti del genere. Eppure non ci sogneremmo mai di dire che un bambino è keynesiano o marxista. Con la religione, invece, si fa un'eccezione"[18]. Quando ero piccolo la maestra ci obbligava ad iniziare la giornata con una preghiera. Col senno di poi non lo trovo affatto giusto perché la scuola non ha il compito di indottrinare i giovani discenti ad una fede, ma formare la loro cultura. Trovo allo stesso tempo fuori luogo l'ora di religione che si impartisce in tutti gli istituti scolastici di ogni ordine e grado. Fu sancito da politiche concordatarie in un'epoca buia[19] per l'Italia ma non sono state mai abolite, e soprattutto sono del tutto inadeguate ai giorni nostri. I ragazzi non hanno bisogno di concetti di stampo religioso ma di essere informati riguardo la sessualità per non commettere errori importanti.

---

[18] Si consiglia la lettura del libro di R. Dawkins, *L'illusione di Dio. Le ragioni per non credere*, Mondadori, Milano 2007.

[19] Mi riferisco ai Patti Lateranensi voluti da Benito Mussolini e stipulati tra Italia e Santa Sede l'11 febbraio 1929. Nel 1984 ci fu un nuovo concordato noto anche come accordo di Villa Madama. Questo accordo stabilì, tra l'altro, che il cattolicesimo non era più religione di Stato.

L'ignoranza sulla propria sessualità e sulle malattie sessualmente trasmissibili sono i principali problemi che affliggono gli adolescenti. La scuola non sopperisce a questo deficit ed incita implicitamente i ragazzi a rivolgersi alla pornografia e a distorcere quindi il significato della sessualità in giovane età.

Al liceo ho avuto tre insegnanti molto diverse fra loro. Al primo anno la docente di religione si è impegnata per farci conoscere gli altri credi diffusi nel mondo con molta onestà intellettuale. Al secondo anno, invece, mi toccò in sorte una povera esaltata che non accettava il confronto ed invocava costantemente in classe lo spirito santo per confermarla nella fede. Così al terzo anno decisi di chiedere l'esonero e l'ottenni, ma cambiò l'insegnante. Lei era giovane, poco carismatica ma gentile. Per destare l'interesse della classe portava videocassette per aiutarci nella comprensione di alcune tematiche. Non riusciva nell'intento perché i film non aiutavano a chiarire i mille dubbi di una classe come la mia ben poco cattolica e ribelle. Lei restò fino alla maturità ed ebbe sempre il mio rispetto pur restando sempre fermo nelle mie convinzioni. Alla luce di ciò mi chiedo se ha ancora senso l'ora di religione nella scuola italiana. In fondo il divieto di pregare non è mica esteso all'intera esistenza dell'individuo ma alla sola vita scolastica. Chi crede potrà sempre rivolgere una preghiera in silenzio senza ostentare il proprio credo. Diceva Piero Calamandrei: "Trasformare i sudditi in cittadini è miracolo che solo la scuola può compiere".

Non dimentichiamo quindi che la religione non ci rende cittadini[20] ma sudditi. E soprattutto ricordiamoci che l'Italia è uno Stato laico[21]. Proprio per tale motivo quando ci indigniamo per un preside che ristabilisce il principio di laicità dobbiamo sempre tenere a mente che compito della scuola è proprio quello di formare cittadini in grado di vivere in una società civile, e non persone devote ai principi di una qualunque istituzione religiosa. Amen!

---

[20] Trovo preoccupante una nazione che dedica vie e piazze a santi e papi e pochissime ai filosofi!

[21] C'è da dire che in Italia il canone Rai da qualche anno a questa parte lo pagano tutti. Grazie alla riforma voluta dal governo Renzi il canone tv si trova incluso nella bolletta della luce e non si può più evitare di pagarlo come fatto in passato. Nonostante ciò la programmazione delle reti Rai mette sempre in prima linea le messe domenicali cattoliche e gli interventi del papa. Ma lo stesso trattamento non è riservato alla Chiesa protestante il cui programma interessantissimo "Protestantesimo" viene mandato in onda in orari assurdi. Eppure anche i protestanti contribuiscono al canone Rai e dunque perché tale disparità di trattamento? e i fratelli ebrei?

Il diktat delle immagini

Diciamolo una volta per tutte: i mass media ci vendono un'immagine inesistente di donne e uomini bellissimi. Questi flashback irreali fomentano le nostre insicurezze e ci creano infelicità. Il fotografo Oliviero Toscani sostiene che i giornali sono responsabili dei suicidi di giovani donne: "Siamo tutti schiavi dell'immagine e quindi influenzabili. Si costruiscono paure: attentati, immigrati, violenza. Quando invece la gente muore più di suicidio che di terrorismo. E il suicidio parla chiaro: significa infelicità. Anche i vostri giornali di moda sono responsabili: dicono alle donne come devono essere e le rendono infelici"[22]. Siamo costantemente bombardati da immagini che ci spingono al rifiuto della nostra vera immagine per agognare ad un corpo scolpito dalle regole del marketing. "Newton manipola gli stereotipi esistenti; ne accentua il tratto di alienità, eppure essi sono quasi degli archetipi, nella loro drammatica sessualità. La passiva donna sdraiata non rappresenta una minaccia: ella è completamente malleabile, un manichino di carne. Oggetto di gratuita violenza e violazione sessuale, non oppone alcuna resistenza, ma proprio per questo diventa irreale, al pari dei libertini di Sade. Diminuendo la minaccia della personalità, la sua qualità di pura immagine la

---

[22] S. Siri, *Si pentono gli stupidi*, Vanity Fair, n. 40, 11 ottobre 2017, p. 52.

trasporta al di là dell'erotismo del vivente, verso il feticismo dell'oggetto inanimato"[23].

Fortunatamente Helmut Newton non ha assistito all'insorgere dell'Impero del selfie perché i social hanno esasperato questa sensazione di malessere verso il proprio aspetto estetico. Pensiamo ai milioni di selfie postati soltanto dopo diversi ritocchi grafici. Ciascuno desidera veicolare una rappresentazione di sé palesemente edulcorata e falsa. Gli uomini e le donne che vediamo raffigurati nelle campagne pubblicitarie hanno il solo scopo di venderci qualcosa. Siamo assuefatti alla standardizzazione delle nostre vite e non ci accorgiamo che la nostra individualità è stata soppressa. Acquistiamo involontariamente un pacchetto all inclusive senza renderci conto dell'oggettivazione del nostro corpo. Il corpo è un oggetto e come tale può essere raccontato, disegnato, inventato e strumentalizzato a piacimento. Questo è quello che vogliono farci credere. Le immagini che vediamo in giro sono prodotte in serie; pensiamo a quelle labbra a canotto che sfoggiano certe donne o a quei corpi super muscolosi di uomini senza cervello. Involucri di carne vivente che gridano di essere massa alla massa informe che li guarda e ammira. Zombie in cerca di visibilità. La cosa più grave è aver dato vita ad un'auto-oggettivazione che annulla la nostra essenza di umani per percepirsi come meri oggetti sessuali.

---

[23] R. Brookes, *La fashion photography* in *Mercanti di stile. Le culture della moda dagli anni'20 a oggi*, a cura di P. Colaiacomo e V. C. Caratozzolo, Editori Riuniti, Roma 2002, p. 81.

Questa distorsione nella percezione dell'altro mi sgomenta e m'impensierisce. I pubblicitari che lavorano per le aziende dicono di eseguire semplicemente i diktat del sistema e questo ci riporta ad una nota osservazione di Hannah Arendt: "La triste verità è che molto del male viene compiuto da persone che non si decidono mai ad essere buone o cattive". La banalità del male ha una sua fascinazione, e inavvertitamente siamo attratti dal male nascosto proprio dietro stupidi stereotipi diffusi dai media. Da questo possiamo uscirne soltanto con la cultura e il rifiuto categorico dell'ignoranza anche se Arendt aveva già individuato il problema anni fa: "La società di massa non vuole la cultura ma gli svaghi".

Infatti pur di non educare la gente si creano svaghi inutili e si incrementa la massificazione.

Meno male che ci sono William e Kate, Harry e Meghan o Al Bano e Romina ad occupare le giornate del popolo bue. Meno penseranno e più obbediranno alle regole ferree del marketing.

Vaticano e omosessualità

Sono trascorsi ben diciassette anni dall'uscita del libro di Marco Politi "La confessione"[24], e nonostante la toccante testimonianza di un prete che chiedeva alla Chiesa cattolica di riconoscere la propria vita sentimentale e sessuale nulla è variato in tal senso. All'epoca del libro regnava Wojtyla e con lui ogni discussione in tal senso era inconcludente. La sua linea "dittatoriale" non permetteva alcun confronto. Dopo la sua morte lo si è proclamato santo e si sono messe a tacere tutte le sue colpevolezze esaltandone solo e soltanto le virtù cristiane. Dopo di lui è arrivato il cardinal Rottweiler, Joseph Ratzinger, autore del nuovo catechismo della Chiesa Cattolica. Se diamo una rapida occhiata al suddetto catechismo[25] - voluto dall'allora Prefetto della dottrina della fede, oggi papa emerito Benedetto XVI- si rimane esterrefatti nel leggere ancora certe affermazioni. Nella sezione 2357 e 2358 si legge che l'omosessualità, ma soprattutto gli atti tra persone omosessuali sono condannabili e dunque vietati. Nel documento "Alcune considerazioni sulla risposta Cattolica alle proposte di legge sulla non discriminazione delle persone omosessuali" del 1992 si legge che le persone gay devono tenere nascosto il proprio

---

[24] M. Politi, *La confessione. Un prete gay racconta la sua storia*, Editori Riuniti, Roma 2010.

[25] L'edizione del Catechismo della Chiesa cattolica del 1992 conteneva la definizione "tendenze omosessuali innate", mentre nell'edizione del 1997 si opta per "tendenze omosessuali profondamente radicate".

orientamento sentimentale[26]. Inoltre, al punto 13 del suddetto documento troviamo un passaggio in cui si sottolinea che una legge sulla non discriminazione dei gay: "può facilmente portare a ritenere l'omosessualità quale fonte positiva di diritti umani, ad esempio, in riferimento alla cosiddetta «affirmative action» o trattamento preferenziale nelle pratiche di assunzione. Ciò è tanto più deleterio dal momento che non vi è un diritto all'omosessualità (cf n. 10) che pertanto non dovrebbe costituire la base per rivendicazioni giudiziali"[27].

Nell'ottica intransigente e oscurantista di Ratzinger l'omosessualità subìsce l'attacco più duro. Un'avversione irrazionale che sarà fatale per il suo pontificato. Ratzinger rinuncerà al soglio pontificio soltanto sette anni dopo essere stato eletto. Purtroppo l'omosessualità è trattata dal magistero della Chiesa cattolica con estrema ignoranza e retriva superficialità. Questo per evitare di affrontare con intelligenza la questione che di per sé non contempla risposte altrettanto difficili da formulare.

Ratzinger sosteneva che la depravazione e la degenerazione non stanno solo nel compiere un atto omosessuale, ma nell'omosessuale in quanto tale. In altre parole la persona

---

[26] "Inoltre, vi è il pericolo che una legislazione che faccia dell'omosessualità una base per avere dei diritti possa di fatto incoraggiare una persona con tendenza omosessuale a dichiarare la sua omosessualità o addirittura a cercare un partner allo scopo di sfruttare le disposizioni della legge". (14) http://www.vatican.va/roman_curia/congregations/cfaith/documents/rc_con_cfaith_doc_19920724_homosexual-persons_it.html

[27] Ibidem.

omosessuale non dovrebbe nemmeno esistere[28]. Inutile sottolineare la doppia morale cattolica sull'argomento. Da una parte troviamo i proclami omofobi di cardinali e vescovi, mentre dall'altra sappiamo che in Vaticano si consumano relazioni sessuali tra persone dello stesso sesso fin da tempi immemorabili. Il gesuita James Martin ha scritto in un suo libro molto discusso che l'omofobia è uno dei gravi peccati che affligge la Chiesa, e proprio per questo ha auspicato che la comunità Lgbt venga presto accolta dal cattolicesimo. Inoltre ha sostenuto che molti santi cattolici erano gay[29] e dunque non si comprende l'ostilità del clero nei confronti delle persone con un orientamento sessuale non etero, ma su questo ritornerò dopo. Se riflettiamo sulle frasi di papa Bergoglio: "Chi sono io per giudicare un gay" e "La chiesa deve chiedere scusa agli omosessuali che ha perseguitato"[30] possiamo dire che qualche passo avanti in tal senso è stato fatto. Certo, a tali autorevoli affermazioni non è seguito purtroppo nessun cambiamento

---

[28] Cfr. *Homosexualitatis problema* (1996)

[29] Lo scrittore Aldo Busi si era già espresso in tal senso ben prima di Martin Cfr. A. Busi, *Altri Abusi. Viaggi, sonnambulismi e giri dell'oca*, Oscar Mondadori, 1994, p. 121.

[30] In verità il papa ha ribadito un concetto già esposto dal cardinale Reinhard Marx. Marx durante una conferenza al Trinity College ha sostenuto: "Abbiamo fatto molto per emarginare gli omosessuali (...) La storia degli omosessuali nelle nostre società è davvero pessima perché abbiamo fatto davvero tanto per la loro emarginazione". Il cardinale Marx è il presidente dei vescovi tedeschi e recentemente si è espresso in tal modo sul matrimonio egalitario approvato in Germania: "La Chiesa non dovrebbe essere preoccupata perché non si tratta di una sconfitta: lo sviluppo del matrimonio e della famiglia spetta di diritto anche allo stato. Rimpiango invece che la Chiesa non abbia fatto nulla per opporsi alle leggi che perseguivano gli omosessuali".

radicale nel magistero della Chiesa. Ad oggi il catechismo non ha subìto alcuna variazione, ma le parole dell'attuale pontefice fanno ben sperare per il futuro[31]. La persecuzione e ossessione per gli omosessuali in ambito cattolico risale però al 1051 quando Pier Damiani scrisse "Liber Gomorrhianus" per denunciare e condannare l'omosessualità dei preti. Egli fu il capostipite di una lunga serie di chierici repressi intellettualmente e sessualmente. Se leggiamo con attenzione il Vangelo comprendiamo che Gesù non predicò o condannò mai l'omosessualità[32]. Se poniamo attenzione ai passi riportati nel Nuovo Testamento e più precisamente al Vangelo secondo Luca 7, 1-10 ci accorgiamo di qualche esempio non tanto velato. Gesù guarisce il servo del centurione ed è evidente che i due uomini non sono legati da alcun vincolo parentale ma solo affettivo, probabilmente omoaffettivo. Questo non vieta a Gesù di operare il miracolo. Ovviamente quando la Chiesa non osa spiegare meglio sorvolare e non approfondire la natura di quel rapporto "peccaminoso". In tal senso il Vangelo attribuito a Matteo 8,5-13 è molto più cauto nella descrizione del fatto.

---

[31] Papa Francesco nel mese di maggio 2017 ha autorizzato diverse chiese d'Italia a tenere delle veglie anti-omofobia. Nonostante ciò il papa è sempre più contestato e isolato da una Chiesa che non accetta cambiamenti.

[32] Bisogna invece porre attenzione su alcuni passi contenuti nell'Antico Testamento dove leggiamo episodi sconcertanti e violenti. In Re 2 23:24 Dio chiede ad alcuni orsi di uccidere quarantadue bambini soltanto perché si sono permessi di canzonare il suo profeta. Mentre in Genesi 38:8-10 Dio uccide Onan perché ha sprecato il suo seme gettandolo a terra invece di ingravidare la vedova di suo fratello. Da questo si intuisce il disprezzo del magistero della Chiesa per l'omosessualità. Infatti, la Chiesa è ossessionata dallo sperma e non condivide altre funzioni al di fuori dalla procreazione.

Prima di Pier Damiani ci fu Paolo di Tarso che attaccò profondamente la sessualità umana, e si scagliò contro l'omosessualità arrivando perfino a dire che la donna doveva essere sottoposta all'autorità del marito. Questa femminofobia e il passo contenuto in 2 Corinzi 12,7 svelano l'omosessualità di Paolo[33]. Nel suddetto passo Paolo afferma che "una spina nella carne" gli procura costante sofferenza. Questo spiegherebbe la sua intransigenza in materia sessuale. Il tormento costante di essere scoperto lo rendeva forse così radicale e cupo in materia affettiva e sessuale. Non potendo dichiarare il proprio orientamento sessuale egli negava ad altri la gioia del sesso e la sfera affettiva. Una prassi ancora in vigore nella Chiesa. Non dimentichiamo che anche Tommaso D'Aquino era omofobo e misogino[34]. Dunque ai credenti gay non resta che rivolgere una preghiera per la conversione della Chiesa ai santi Sergio e Bacco. I due erano militari romani che si opposero alla celebrazione del culto di Zeus convertendosi al cristianesimo. Per questo furono martirizzati. Proprio l'anno scorso in Iran è stata ritrovata la loro tomba e nei secoli è sempre circolata insistentemente la convinzione che i due erano legati non solo da una profonda amicizia ma anche da una relazione sentimentale. Ovviamente nulla può essere appurato ma la

---

[33] Cfr. K. Charamsa, *La prima pietra. Io, prete gay e la mia ribellione all'ipocrisia della Chiesa*, Rizzoli, Milano 2016, pp. 71-72.

[34] Si consiglia la lettura del libro di T. M. Renick, *Tommaso D'Aquino ...per chi non ta tempo*, Claudiana, Torino 2014.

Chiesa non lo permetterebbe e dunque non rimane che affidarsi all'eroico sacrificio di Sergio e Bacco. Forse il loro esempio potrà indurre i chierici ad un grande esame di coscienza e revisionismo dottrinale. Fantascienza? Non lo so. Mi piacerebbe vedere una Chiesa senza ossessioni sessuali. Bisogna superare il concetto di genere. Se Dio esiste non è né maschio né femmina e a maggior ragione non ha alcun orientamento sessuale. Magari si potrebbe prendere esempio dall'arcivescova svedese Antje Jackelen che ha sostenuto: " Dio va al di là del concetto di genere, Dio non è umano". Ma sappiamo che il protestantesimo è molto più avanti del cattolicesimo quindi perché aspettare timidi passi da Roma quando esiste già una Chiesa al passo coi tempi? A voi l'ultima parola.

La sessualità dei Supereroi

Iniziamo col dire che i supereroi sono la versione laica dei santi; forse un po' più interessanti e dinamici delle figure sacre ma sempre generatori di interesse tra la gente. Se per ovvi motivi con i santi non si può fare alcun ragionamento di tipo sessuale con i supereroi il discorso cambia. Proprio per questo la storia di alcuni supereroi o personaggi mitici come i vampiri e i licantropi mi ha sempre suscitato non poche perplessità. Prendiamo ad esempio la storia di Kal-El, l'alieno kryptoniano che una volta giunto sulla terra assume l'identità di Clark Kent, giornalista con occhiali a cui basta indossare una tutina azzurra con una bella "S" stampata davanti, e un mantello rosso per renderlo irriconoscibile persino a Lois Lane, la fidanzata. Basta davvero così poco per cambiargli i connotati? E Lois Lane ci vede davvero bene? Cioè è davvero sicura di non essere interessata solamente al personaggio più che alla persona? E poi uno come Superman, il cui tocco distrugge per via della sua forza aliena, come fa ad avere un regolare rapporto sessuale con un essere umano? L'uomo d'acciaio non dovrebbe avere anche il pene e il suo sperma micidiale per qualsiasi persona? Al massimo sparerà pallottole e non spermatozoi! E se confermato quale donna o uomo sarebbe in grado di sopportarlo? I film e i fumetti non ci danno risposte a tali quesiti. Superman è il più "superdotato" di poteri fra tutti i colleghi. Ha un super udito, una potenza che va oltre il pensabile, è tanto veloce che supera ben dieci volte la forza della luce, vede attraverso i muri e gli indumenti (non deve essere facile essere sua compagna/o!). Inoltre vola ed è invulnerabile a tutto, kryptonite a parte. Per non parlare dei vampiri che sono dei cadaveri in movimento ma non come gli zombie che sono stupidi; i succhiasangue sono dotati di raffinato raziocinio. Ma come fanno anch'essi a copulare nei vari telefilm e film con così tanta nonchalance? Il loro organo sessuale non è irrorato dal sangue perché il loro cuore è fermo! Ma come avviene dunque il tutto?! Una battuta di Damon Salvatore la dice lunga sul fatto in questione: «Dire vampiro morto è una ripetizione!». Eppure nei vari "Twilight" e "The Vampire Diaries" sia Edward Cullen che i fratelli Damon e Stefan Salvatore sembrano infischiarsene. Almeno nella saga di "Twilight" Stephenie Meyer racconta delle paure di Edward nel fare sesso con Bella per via della sua forza innaturale e della totale fragilità della seconda. Nel romanzo il loro primo rapporto sessuale è descritto come chi subisce uno stupro, data la violenza della forza vampiresca. Naturalmente ogni scrittore ha apportato le sue variazioni alla tematica vampiri. Ad esempio Anne Rice ("Intervista con il vampiro") ai suoi succhiasangue fa battere il cuore e a quanto pare anche Smith la pensa così. Quest'ultima nella serie televisiva tratta dai suoi

123

testi ("Il diario dei vampiri") descrive potenti e arcani sortilegi in grado di arrestare il battito del cuore di un vampiro ed essiccare così la sua "vita". Altri autori fanno mangiare regolarmente il cibo umano ai vampiri e bere alcolici, altri li fanno dormire e riposare. Ogni autore ne modifica lo stile di "vita", ma mai alcun riferimento esplicito alla defecazione o alla minzione. Insomma questi vampiri mangiano, scopano, bevono e non vanno mai di corpo? Vivono come la maggior parte degli esseri viventi e poi non si recano mai al cesso? Quanto finto pudore nel non ritrarli nel pieno della loro umanità simulata per rappresentarli esclusivamente come tombeur de femmes. Questo mi riporta alla mente una frase di James Hillman: "Ci fa più paura guardare un normale ano umano che non certi personaggi dalla faccia come il culo che imperversano ogni sera alla televisione". Nel Dracula di Bram Stoker il conte desidera Mina ma il suo cuore non finge di battere. Quando l'immonda creatura spinge la moglie di Jonhatan Harker a bere il suo sangue ciò ci rinvia immediatamente all'atto sessuale della fellatio. In questo caso il Dracula di Stoker non dimostra di avere particolari doti sessuali da concedere alle sue vittime. Naturalmente dall'epoca di Polidori (primo scrittore ad ideare una novella dal titolo "Il vampiro") e Stoker le cose sono notevolmente cambiate. Oggi è il sesso che detta le leggi del mercato letterario e cinematografico. Siamo una società sexual addiction. Un tempo nessuno si sognava di rappresentare e interpretare scene d'amore vampiresche, mentre oggi nessuno desidera seguire una serie televisiva senza sesso. Per non parlare dei licantropi che scopano con vampiri e ibridi senza fare alcuna piega. Altro esempio preso dai serial televisivi è tratto da "American horror story" ideato da Ryan Murphy. Una vecchia casa di Los Angeles è infestata da fantasmi che riescono ad avere rapporti sessuali con i loro inquilini umani, e addirittura a stuprare la padrona di casa e a renderla gravida di un pargolo. Ma com'è possibile che un fantasma non dotato di corpo possa praticare dell'attività sessuale con normalità, e soprattutto procreare? Mistero degli sceneggiatori!

Stessa cosa per Peter Benjamin Parker meglio noto come Spiderman. Dopo essere stato punto da un ragno la sua vita subisce uno sconvolgimento. La puntura potenzia e acuisce le sue doti, tanto da renderlo così forzuto da scalare i tetti e palazzi proprio come un vero aracnide. Anche qui sembrano non esserci problemi a fare sesso con l'amata, e si sottolinea che giammai ad ideare un supereroe gay, altrimenti il fascino ne risentirebbe. Un'inculata supereroica sconvolgerebbe l'equilibrio psico fisico del mondo degli eroi.

Oppure osserviamo Zorro, la celebre volpe messicana e leggendario paladino dei diseredati che nella vita ordinaria è un nobile, Don Diego De La Vega. Quest'ultimo mascherandosi gli occhi con una benda nera riesce ad ingannare tutti sulla sua vera identità. Basta così poco per non riconoscerlo? Nessun déjà vu? Mah! Però se incontro il mio vicino di casa travestito da Zorro lo smaschero subito e dunque non capisco questo segreto di Pulcinella.

Così, en passant, non possiamo sciropparci le pseudo cazzate superomistiche senza porci alcune domande inquietanti sulla vita di questi esseri sovrumani o straordinari entrati nell'ordinario.

Ben altro discorso per Bruce Waine (Batman), il quale non è un alieno e non ha poteri che esulano dalla sua dimensione umana. La sua forza consiste nel duro e rigido addestramento condotto per vendicarsi e riportare giustizia nel mondo malato. Ecco che Gotham City diventa un simbolo dell'odierna società corrotta. Lui si avvale anche di un collaboratore, Robin, che negli anni ha suscitato ironiche versioni su un possibile coinvolgimento omoaffettivo fra i due.

Mentre Robin Hood, il celebre arciere inglese della foresta di Sherwood, secondo alcuni studi recenti non era poi questo grande eroe e soprattutto era gay e viveva nella foresta per non avere grattacapi con le autorità locali.

Anche gli eroi convivono con le beghe quotidiane a cui noi poveri mortali dobbiamo dar retta nel corso della nostra esistenza. Ma vi immaginate i grandi attori del passato e volti celebri dei film horror interpretare scene di sesso sfrenato? Penso a Peter Lorre, Peter Cushing, Lon Chaney, Boris Karloff, Bela Lugosi, etc. No! Oggi si susseguono troppi corpi senza veli per significare una nudità di pensiero e d'inventiva nei giovani e vecchi produttori cinematografici. Tutt'altro discorso per un

126

genio incompreso come Klaus Kinski. Lui sì che sapeva adattarsi agli eventi e mutamenti di costume.

Intanto "godiamoci" i vecchi film per osservare e scrutare l'imponderabile senso di irrealtà affossare il senso di ovvietà e banalità insito nelle produzione d'oggi.

L'essenza-assenza di Dio

Secoli e secoli di riflessione teologica sull'esistenza di Dio hanno solamente incrementato i dubbi degli esseri umani. Ma ad aumentare non furono soltanto le perplessità della gente, ma anche le finanze delle confessioni religiose preposte al culto[35]. Se esiste qualche forma di divinità non può essere conosciuta e dunque spiegata da nessun teorema o dogma. Aveva ragione Baruch Spinoza quando affermava che Dio e la Natura sono la stessa cosa. Rifiutando la natura abbiamo contribuito a ridurre la religione ad una superstizione. Hubert Reeves ha affermato che: "L'uomo è la specie più folle: venera un Dio invisibile e distrugge una Natura visibile. Senza rendersi conto che la Natura che sta distruggendo è quel Dio che sta venerando". Dall'alto della nostra civiltà definiamo i

---

[35] Secondo il dossier di Marco Maroni pubblicato su *Il fatto quotidiano* il 06/11/2015 la Chiesa cattolica costa allo Stato italiano ben 6,4 miliardi di euro l'anno. Il Vaticano non paga le imposte sugli immobili e per l'insegnamento della religione cattolica nel 2015 sono stati stanziati 1,2 miliardi. Poi ci sono le spese extra come la beatificazione a Roma di Karol Wojtyla (5 milioni) e ben 25 milioni di euro per l'elicottero fornito a Benedetto XVI dopo la sua rinuncia al soglio pontificio. Inoltre, papa Francesco è l'unico pontefice a non percepire stipendio per la sua attività a differenza del suo predecessore che riceveva 2.500 euro al mese più i proventi dei propri libri (Fonte: http://www.liberoquotidiano.it/news/italia/13294260/vaticano-papa-francesco-ecco-quanto-guadagna-la-scelta-sullo-stipendio.html). Il principio di mantenere coloro che predicano il Vangelo risale proprio a Paolo di Tarso (1Cor 9,14), ma a mio avviso le chiese devono essere finanziate dai propri fedeli e non indiscriminatamente da ogni cittadino italiano. Chi appartiene ad una Chiesa ha il diritto di finanziarla volontariamente ma non deve essere imposto ad altri cittadini atei, agnostici o di altre fedi.

popoli non civilizzati come ignoranti, ma proprio loro rispettano e temono la natura perché sanno che senza l'aiuto di madre terra la loro vita non esisterebbe. Noi, invece, ci crediamo esseri superiori, il plurale di Dio e quindi autorizzati a dominare la terra e sottomettere ogni specie vivente alla nostra volontà, inclusi i nostri simili. Tale idea è suggerita proprio dalla Bibbia.

Sono profondamente convinto che non si può dare alcun nome a Dio. Allo stesso tempo non gli si può affibbiare nessun genere sessuale. Non si può definire Qualcosa o Qualcuno che travalica ogni dimensione spazio-temporale. Ciò che noi chiamiamo Dio è soltanto il brand di successo inventato da una storica azienda di fama mondiale: la Chiesa cattolica[36]. I papi hanno stabilito l'aspetto che doveva avere Gesù o sua madre e per non concedere libertà ai fedeli hanno riempito piazze e città di statue devozionali. Le statue ricordano al popolo che quelle sono le uniche rappresentazioni del divino autorizzate al culto. Si intuisce che la divinità è altro da noi e dunque tentare di equipararsi a questa o queste entità è alquanto impensabile.

Il popolo ebraico sa che il nome di Dio non può essere pronunciato ed è per questo che è stato inventato il più noto acronimo YHWH. Io non sono credente ed ogni qual volta ascolto qualcuno che sostiene convinto: "Lo dice la Bibbia" mi

---

[36] La religione è certamente un fattore culturale ma prima ancora geografico. Se nasci in altre parti del mondo sei influenzato da altre religioni e da usanze ben diverse dalle nostre.

provoca una sonora risata. A scrivere la Bibbia non fu certamente Dio ma diversi autori e tutti umani. Nessuno di loro era un filosofo o uno scienziato e dunque il loro giudizio non ha per me alcuna autorità. Anzi[37].

Lo ammetto, mi diverto a fare questi discorsi ai vari testimoni di Geova disseminati agli angoli della strada. Mi interessa metterli in difficoltà. Hanno imparato a memoria i passi della loro Bibbia e non riescono a concretizzarli in un pensiero originale o razionalmente accettabile. Quando alcuni preti o dei testimoni di Geova mi chiedono: "Ma lei non ha mai creduto in Dio?" io ripenso a quella battuta di Bill Maher: "Io credevo che una vergine avesse messo al mondo un figlio, credevo che un uomo avesse vissuto dentro una balena e credevo che la terra avesse cinquemila anni di età. Ma poi mi accadde qualcosa di molto importante: fui promosso in prima media". Pertanto non trovo ridicolo il credere in un Dio ma solo e soltanto il modo in cui ci è stato raccontato. Ci trattano come bambini che non hanno sviluppato un apparato critico, e poi si meravigliano se arriviamo con l'aiuto di una sedia a prendere la marmellata nascosta sulla mensola? Assurdo.

Diceva Ludwig Fuerbach: "Il dogma non è altro che un esplicito divieto di pensare".

In definitiva se questa riflessione vi sembra a tratti troppo

---

[37] A tal proposito si consiglia la lettura del libro di B. D. Ehrman, *Prima dei vangeli. Come i primi cristiani hanno ricordato, manipolato e inventato le storie su Gesù*, Carocci Editore, Roma 2017.

generica e complessa è proprio perché ogni discussione che verte sull'esistenza di Dio non può avere alcuna conclusione; né in un modo e né in un altro. Diciamo che è un esercizio di logica fine a se stesso che alla fine non sfocia, per l'appunto, da nessuna parte. Buddha sosteneva che tormentarsi con domande che non portano risposte utili al nostro vivere ci fanno assomigliare ad un uomo che è stato colpito da alcune frecce avvelenate. Quest'ultimo invece di liberarsi dalle frecce continua a sprecare tempo vitale chiedendosi "chi mi ha colpito?" o "da quale direzione è stata scagliata?". Motivo per cui ho smesso di chiedermi l'impossibile ed ho imparato a pensare in modo autonomo.

"Una grandissima parte dei mali dei quali soffre il mondo sono dovuti al fanatismo" Bertrand Russell.

Il paese che non c'è!

Mi sono sempre posto nei confronti del mondo come un responsabile amante. Non ho mai voluto o cercato a tutti i costi il suo totale consenso, ma semmai piccoli momenti di appagamento per rendermi la giornata meno monotona e uggiosa. Forse, com'è comprensibile, nessuno di noi è realmente in sintonia con il tutto che si dipana nel continuo vociare dell'universo, però ad un certo punto ti accorgi che anche se non puoi cambiare le sorti del pianeta puoi sentirti meno colpevole per i mali che lo affliggono. Il silenzio reca con sé molti dilemmi perché non si trovano mai risposte del tutto esaurienti o del tutto regolari per gli enigmi reconditi che assillano la nostra esistenza. Adesso però non si può restare inermi davanti al deterioramento di questo mio Paese che non si accorge minimamente di essere diventato oggetto di derisione. Tutto sembra remare contro di esso. La gente se ne frega della totale mancanza di moralità e di senso etico che inficia le istituzioni e la giustizia. Di questo si continua soltanto a parlarne in televisione o sui giornali. Certo le immagini di comizi popolari e le bandiere e gli slogan che campeggiano nei servizi dei tg dovrebbero farci capire che l'Italia è un paese democratico, ma in verità vi sono forze occulte che muovono questo paese verso il disastro.

Il nostro è un Paese morto. Nessun altro Stato ci prende più in seria considerazione. Un Paese che distrugge la propria cultura snatura se stesso e annienta la sua identità. Non esistiamo più. Siamo una mera entità geografica stampata su antiche mappe ammuffite da secoli, utili forse soltanto a navigatori astratti. La profezia di Ray Bradbury si avvera. Presto seguiranno falò di massa per cancellare dalla nostra esistenza la Storia del pensiero. Il mondo ci livella ad uno stato di coma intellettivo. Si addomestica il branco, lo si alleva sin da piccolo per annientare in loro ogni forma di raziocinio. Ma il mio Paese sembra subire in modo negativo l'evolversi dei tempi. Una nazione che intende cancellare dal proprio dna il futuro di ogni giovane è un paese destinato a morire. Essere giovani è il più grave dei misfatti; peggio dell'essere disonesti. Vecchio è la parola d'ordine. Ormai ci siamo ridotti ad essere troppo anziani per poter lavorare e troppo giovani per poter percepire una pensione di vecchiezza. Siamo il paradosso dei paradossi; o forse sono io ad esser nato troppo tardi per un mondo troppo vecchio.

Cos'è rimasto di una nazione che ha sviluppato importanti correnti culturali come il Rinascimento? Pian piano per il mondo siamo diventati solamente spaghetti e mandolini mafiosi. I nostri film più venduti all'estero sono quasi sempre legati alla mafia, alla camorra e al degrado di questo stivale. Un tempo eravamo l'invidia del mondo, adesso siamo noi ad invidiare gli altri. Un popolo vessato e umiliato da scandali e dispotismi. Un popolo che come un branco di pecore vota da decenni sempre gli stessi schieramenti, e non esiste stupidità più assoluta se non quella di consegnare il proprio destino sempre a quella partitocrazia che ha devastato il paese. Destra e sinistra non ci sono più. Adesso esistono il partito delle libertà negate e quello delle libertà inventate. Quando capita ci indigniamo per un goal non fatto ai mondiali ed esigiamo immediatamente la rimozione del commissario tecnico; ma se sbaglia un governante ce ne infischiamo allegramente. Basta poco per accontentarci, una risata e un discorso demagogico, una pacca sulla spalla ed una benedizione urbi et orbi e ci sentiamo nazionalisti. Quanto sgomento sotto questo cielo italiano. Chissà perché si risveglia in noi un senso di appartenenza soltanto nelle tragedie naturali che devastano il nostro paese. Allora sì che l'italiano medio si adopera per ridestare una coscienza assopita. Anche se bisogna dire che la coscienza è molto più prodiga di generosità in base alla località in cui avviene la catastrofe. Se capita dopo Roma non ci sono garanzie che tengono. Ma questo è un altro discorso!

La nostra società è ammorbata e infetta dall'irriverente imbecillità politicante. Oggi un governante si può permettere di rappresentare l'italiano comune facendolo sentire a proprio agio. L'elettore si reca alle urne non per eleggere un rappresentante che incarna il suo ideale politico, ma colui che lo rispecchia nella sua grettezza di suddito. Basta dare uno sguardo ai manifesti elettorali e conoscere un po' di fisiognomica per augurarsi la sconfitta di quelle facce di tolla appiccicate al muro. Chissà quale sensazione si prova nell'incollare una faccia stampata sul manifesto anziché il candidato in persona. Tra politici che latitarono e che latitano e fra mafiosi prestati alla cosa pubblica, il mio Paese in passato ha partecipato ai convegni mondiali rappresentato da individui che non sfiguravano con i leader di nazioni come l'Iran, Libia o la Corea del nord. Riecheggiano dentro il mio cuore le parole scandite con forza da Henry David Thoreau: "Non potrebbe esservi, invece, un governo nel quale a decidere praticamente su ciò che è giusto e ciò che è ingiusto non fosse la maggioranza ma la coscienza? [...] Deve sempre il cittadino – seppure per un istante e in minimo grado – abbandonare la propria coscienza nelle mani del legislatore? e allora perché ha una coscienza? Penso che dovremmo essere uomini prima di essere sudditi".

Abusi di uomini di fede

Nel 2007 Christopher Hitchens scrisse: "Abuso di minore è veramente uno sciocco e patetico eufemismo per ciò che è accaduto: parliamo di stupri e di torture sistematici di bambini, avvenuti col concreto aiuto e favore di una gerarchia che, in piena consapevolezza, spostava i peggiori violentatori in parrocchie dove sarebbero stati più al sicuro. [...] Come possiamo calcolare il danno causato da vecchi sporcaccioni e isteriche zitelle, incaricati come custodi religiosi degli innocenti in scuole e orfanotrofi?" [38].

La Chiesa nasconde dietro il suo apparato sacro un attacco alla vita dei più piccoli. Insabbiare i casi riguardanti suore e sacerdoti accusati di atti contra sextum è ormai una triste consapevolezza. Eppure la Chiesa anziché condannare la vita sessuale dei fedeli dovrebbe prestare maggiore attenzione alla storia millenaria dei suoi pontefici. Infatti, occorre tenere ben presente le biografie e l'operato di pontefici come Giovanni VIII e Bonifacio VI.

"Da quando era stato eletto Sommo Pontefice, infatti, (Giovanni VIII ndr) aveva anche ordinato sacerdoti e nominato vescovi giovani senza alcuna preparazione. L'importante era che avessero un'unica qualità: la bellezza. La sua corte era

---

[38] C. Hitchens, *Dio non è grande. Come la religione avvelena ogni cosa*, Einaudi, Torino 2007, p. 217.

costituita prevalentemente da giovani servitori, di cui il papa amava circondarsi, e in compagnia dei quali trascorreva la notte. Si dice che i numerosi scandali che sconvolsero la corte papale fossero stati la causa della rivolta dei duchi Lamberto di Spoleto (880-898) e Adalberto di Toscana (847-890). (...) Si racconta che una notte, uno dei giovani aiutanti di camera del papa era stato aggredito sessualmente da Sua Santità, il quale, con l'aiuto di altri due giovani segretari, era riuscito nell'intento di sodomizzare il suo cameriere. (...) Lamberto di Spoleto ebbe anche occasione di ascoltare le proteste di una nobile famiglia romana che accusò il Santo Padre di aver cercato di sequestrare, non si sa a quale scopo, uno dei suoi figli, un giovane di sedici anni dai capelli biondi. Sembra che il papa, dopo la celebrazione liturgica, avesse convocato il giovane nei suoi appartamenti"[39].

Nessuno dei suoi successori alla cattedra di Pietro si è mai adoperato per scomunicare o cancellare il nome di Giovanni VIII o di Bonifacio VI dalla schiera dei pontefici di Santa madre Chiesa. Quest'ultimo pare: "sentisse un'irrefrenabile attrazione per i bambini e le bambine della sua diocesi e che li invitasse a partecipare a delle messe private. Papa Stefano V lo aveva condannato per eccesso di lussuria, ma oggi sarebbe senza dubbio incriminato per pedofilia"[40].

---

[39] E. Frattini, *I papi e il sesso*, Ponte alle grazie, Milano 2010, pp, 126-127.

[40] Ivi, p. 131.

È pur vero che papa Bergoglio si sta adoperando con tutte le sue forze per porre rimedio a tale piaga nefasta ma i risultati, ahimè, stentano ancora ad arrivare. Un solo uomo può fare ben poco se all'interno delle mura leonine si tenta di boicottare ogni azione incisiva attuata dal pontefice. Qualche mese fa Marie Collins[41] ha rassegnato le sue dimissioni come membro della commissione internazionale contro gli abusi del clero istituita proprio da Francesco. Collins era stata scelta dal papa perché da bambina era stata vittima di abusi sessuali da parte di un sacerdote. Apprendiamo dal *National Catholic Reporter* che Marie Collins ha trovato inaccettabile: "Sentire dichiarazioni pubbliche sulla profonda preoccupazione della chiesa per le vittime di abusi, eppure nel privato vedere come la congregazione vaticana si rifiuti anche solo di riconoscere le loro lettere". Recentemente la stampa nazionale e internazionale si è occupata degli abusi ai danni dei chierichetti del papa[42]. Queste violenze avvenivano sotto la cupola di San Pietro e a pochi metri dalla stanza del pontefice romano. L'opinione pubblica appare sconcertata ma questi fenomeni, come visto prima, sono sempre accaduti in Vaticano

---

[41] Oltre a Marie Collins anche un'altra vittima ha abbandonato la commissione, Peter Saunders. Collins ha scritto su Twitter: «Al momento la Commissione è solo sulla carta, un nome vuoto, perché di fatto non è stato ancora nominato nessun membro». http://www.ilmessaggero.it/primopiano/vaticano/papa_francesco_abusi_pedofilia_preti_marie_collins_pontificia_commissione_vittime_preti-3465302.html

[42] Si consiglia la visione del servizio de "Le iene" del 12/11/2017.

e con il tacito silenzio delle istituzioni ecclesiastiche. Vi ricorda qualcosa il documento "Crimine Solicitationies" del 1962 voluto da San Giovanni XXIII?

Ratzinger a causa dei numerosi casi insabbiati dalla Santa Sede rischiò grosso. Un avvocato texano lo aveva citato in giudizio per il suo silenzio durante gli anni come prefetto della Congregatio pro doctrina fidei. Nel frattempo divenne Benedetto XVI e in quanto papa e capo di Stato tutto cadde nell'oblio. Infine, non dimentichiamoci delle coraggiose inchieste condotte dal Boston globe nel 2001 e riprese recentemente nel bellissimo film *Il caso Spotlight*[43]. Le inchieste dei giornalisti americani inchiodarono 70 sacerdoti dell'arcidiocesi di Boston e l'arcivescovo Bernard Francis Law[44] che aveva costretto al silenzio le vittime. Costui fu poi rimosso dall'incarico e spedito per "punizione" in Vaticano. Dura come pena, non trovate?

Quindi smettiamola di scandalizzarci e consegnamo i preti pedofili alle autorità giudiziarie. Chi agisce in nome di Gesù non deve mai dimenticarsi di queste parole:

"Chi scandalizzerà uno solo di questi piccoli che credono in me, gli conviene che gli venga appesa al collo una macina da mulino e sia gettato nel profondo del mare" (Matteo 18,6).

---

[43] Il film ha vinto nel 2016 un Oscar come miglior film e sceneggiatura originale.

[44] Law è morto il 20 dicembre 2017.

Illetterati da strapazzo

Questi giovani autori sono tutti scrittori senza esser mai stati prima lettori. Non hanno mai aperto alcun libro in vita loro ma hanno l'impudenza di scriverne uno. Conseguenza nefasta di questa egolatria dilagante declinata ormai in ogni forma e aspetto. Non conoscono autori e autrici del passato e non sono minimamente interessati a colmare tali lacune. Sui social media nascono ogni dieci secondi gruppi e pagine dedicate ai libri e alla sponsorizzazione dei nuovi autori[45]. Ebbene questi abusivi della letteratura impestano i social con le pubblicità dei loro testi, e si guardano bene dal mettere un "like" su un post di un libro che non è il proprio. Quanta ignoranza e presunzione per un popolo di non lettori che guarda caso sforna centinaia di libri al giorno. Non sono spinti da alcuna curiosità ma si vendono con una tale foga da fare impressione. Rozzi nella forma e nello stile si definiscono poeti e scrittrici di rango ma non farebbero rizzare nemmeno i peli del culo del loro potenziale lettore. Ogni due per tre trovo qualcuno o qualcuna che mi dice di aver scritto un libro. In poche parole ci sono più scrittori dei lettori, e più lettori degli alfabetizzati

---

[45] Certi individui commentano un tuo post su Instagram in tal modo: "La tua foto è Wow. Se ti va visita la mia pagina". La mia foto è 'wow'?! Cosa significa? Quale linguaggio ha utilizzato questo Neandertal della comunicazione 3.0? Ed è in questi frangenti che ripenso a Nanni Moretti in *Palombella rossa* quando afferma irato e schifato " Ma come parla? Le parole sono importanti"!

presenti su tutto il territorio nazionale[46]. Giocavano con la plastilina colorata fino a qualche minuto prima e ad un tratto son diventati maître à penser di fama mondiale? ma per favore![47] Sono esperti di un linguaggio che incomincia a regredire in formulazioni anonime e sciatte. Nuovi geroglifici si insinuano nelle nostre vite e si sostituiscono alle normali espressioni linguistiche dell'era super globalizzata. Si servono di emoticon per esprimere un concetto attraverso faccine che simulano un'emozione. Ma chi li utilizza conosce soltanto queste forme espressive e ignora del tutto la propria lingua madre. Il perché è già spacciato, ormai ha preso il suo posto l'orrido *xche* insieme ad altre abbreviazioni che hanno assassinato la lingua. Ed è a loro che case editrici ovviamente a pagamento affidano indagini ricognitive su casi creati appositamente per smascherare la loro ignoranza. Basta recarsi in una libreria per vedere in bella mostra libercoli con commissari di polizia dislocati in ogni angolo del globo terracqueo. Questi pseudo giallisti del cazzo mi provocano l'itterizia. Non sanno risolvere nemmeno il mistero dei calzini

---

[46] Secondo l'Istat la percentuale dei lettori in Italia è scesa al 2% e dunque almeno il 40% degli italiani ha letto almeno un libro in un anno. Questo però significa che una casa su dieci non ha un libro e i dati sono davvero preoccupanti.

[47] Piccoli esempi di "capolavori" di semi alfabetizzati di ultima generazione. Titolo "Passione". Sviluppo: Liam si innamora di Jean, i due fanno sesso, poi si lasciano e poi si rincontrano. Altro titolo: "Ti amo". Lei incontra lui, i due scopano, poi si innamorano e poi si sposano, poi divorziano etc., etc.,. Tutti così questi novelli aspiranti bestselleristi. Esperti di trame del cazzo con copertine da riviste pseudo porn. Senza nessun gusto estetico per la forma e figuriamoci per la sostanza dello scritto!

141

spaiati smarriti in casa e si improvvisano Poirot per un giorno. E non parliamo di certi adolescenti che si definiscono critici letterari e appassionati lettori. Quando poi approfondisci le loro letture ti fanno così tanta tenerezza da rivalutare la furbizia nascosta di Bambi. Leggono solo fantasy e romanzetti slavati che servono alle loro fragili esistenze. Mi sconcerta assistere ad episodi che confermano la loro totale mancanza di sensibilità estetica e letteraria. Come scriveva Giacomo Leopardi: "Sono stordito dal niente che mi circonda".

Questi sedicenti lettori acquistano e regalano copie di libretti dozzinali che incrementano il grande budget delle major ed impoveriscono e uccidono la carriera di autori emergenti o indipendenti. Ed è con loro che dovrei confrontarmi? Devo competere con gentaglia di simili fattezze? Con personcine che paragonano un cinepanettone a *Annie Hall*? Ripeto, forse sto invecchiando e non sopporto più questi rigurgiti di giovanilismo che riscontro quotidianamente in cinquantenni falliti. Quest'ultimi poi hanno un complesso di superiorità per camuffare la propria inferiorità. Penso sempre che un vecchio che vuol fare il giovane è patetico quanto un giovane che vuol comportarsi da giovane scrivendo e pensando da vecchio.

L'invidia addosso

I sette vizi capitali annoverano proprio l'invidia tra i problemi morali che affliggono l'essere umano. Dante nella *Divina Commedia* spedisce gli invidiosi in Purgatorio e li descrive come esseri con occhi cuciti con fil di ferro costretti a piangere senza mai vedere. Dante evidenzia lo sguardo malevolo dell'invidioso ed è per questo motivo che li ritrae con occhi cuciti. Per Alighieri gli invidiosi possono però essere salvati e non si trovano, infatti, all'inferno perché esiste ancora una speranza per le loro anime. Esistono diversi tipi di invidiosi e l'unica forma di invidia sana è quella che possiamo definire come ammirazione, mentre l'invidioso psicopatologico desidera solo l'infelicità degli altri. Preferisco però concentrarmi principalmente sul secondo.

Per esperienza personale ho avuto il dispiacere di conoscere gente che si sentiva eternamente in competizione con me. Per natura non mi è mai interessato competere con qualcuno perché sono conscio del mio talento ed è su quello che concentro le mie attenzioni. Al liceo ricordo certi scontri involontari in cui mi ritrovavo scaraventato. In queste stupide dispute dovevo recitare il ruolo di protagonista ed un compagno di classe, invece, quello di antagonista. Ovviamente certe rivalità erano alimentate da una entità non meglio specificata, una (in)segnante che mi detestava e vedeva invece in lui il suo pupillo tanto da chiamarlo "bambolotto".

Nonostante ciò la mia sfida era rivolta sempre a superare i miei limiti e non certamente a gareggiare contro qualcuno, bambolotto compreso. Crescendo ho imparato che anche certi miei ex professori soffrono ancora oggi di un complesso di inferiorità. Ricordo molti anni fa di aver incontrato la mia insegnante di lettere. Il giorno seguente dovevo recarmi a Roma per presentare il mio nuovo libro e così alla domanda "Cosa fai di bello?" le dissi dell'evento ma costei non gradì affatto la notizia. Mi disse che mi vantavo troppo e nella vita contava l'umiltà. Per dare maggiore enfasi alle sue farneticanti teorie scomodò perfino Francesco d'Assisi. Io non le avrei detto mai nulla ma è stata lei ad insistere con le domande. In cuor mio pensavo che per un insegnante d'italiano incontrare un ex allievo che ha scritto un libro deve essere un motivo di vanto personale e non una minaccia. Evidentemente i suoi fallimenti esistenziali le avevano offuscato il suo già debole raziocinio. Poverina, era una donna bigotta legata a Comunione e Liberazione e dunque quale sorpresa nel suo comportamento? Insegnanti a parte continuo ad essere attorniato da conoscenti che si spacciano per amici il cui unico scopo, invece, è soltanto quello di vedermi fallire. Questo è uno dei motivi principali per cui nella vita reale frequento pochissime persone e non do confidenza a nessuno. Mi sono barricato a tal punto da rendere inespugnabile il mio fortino personale. L'attore Paolo Villaggio disse che si può invidiare soltanto chi appartiene al nostro settore lavorativo e non chi nella vita fa altro da noi. Io ho sempre preferito l'ammirazione all'invidia. L'invidia è una sostanza tossica che avvelena la vita di chi la produce, e non contenta di ciò porta il contaminato a distruggere la vita del soggetto invidiato. L'invidia danneggia la propria autostima, mentre l'ammirazione ti spinge a potenziare i tuoi talenti e metterli a frutto. L'invidioso sconfina spesso nella paranoia perché è convinto che il tuo successo è proporzionale al suo fallimento. Ogni cosa che fai è un qualcosa che gli è stato sottratto ed è per questo che costui si sente autorizzato a riprenderselo augurandoti un veloce fallimento. Purtroppo il mio fallimento non gli porterà alcun beneficio perché chi ha speso l'intera vita a giudicare e bramare quella degli altri non ha poi alcuna esistenza in cui fare ritorno. Buddha diceva che l'invidia genera caos dentro di noi ma dobbiamo adoperarci per creare la pace nella nostra mente. Ma l'invidioso non sogna ad occhi aperti la vita di qualcuno perché lo stima, ma fa in modo che tale sogno diventi un incubo ad occhi chiusi: soprattutto per te. Quando ti incontrano e ti chiedono come stai? a loro non frega nulla della tua salute ma vorrebbero sentirsi raccontare un momento della tua infelicità per sentirsi meglio. Desiderano i tuoi mali e ti invidiano perché si credono fustigati dal destino mentre tu sei solo un privilegiato. Purtroppo l'invidioso non si prende la briga di conoscerti ma si basa su errate e superficiali supposizioni. Chi conosce non può invidiare ma ammirare. Mi dispiace dirlo ma gli invidiosi peggiori che ho incontrato nella mia vita erano e sono tutti ferventi cattolici. Credono di espiare le loro colpe e le loro invidie quotidiane con tre Pater noster e quattro Ave Maria. I loro confessori li assolvono dalle proprie responsabilità e così ritornano in un batter di ciglia a far del male. Tanto ci sarà una nuova confessione a mondarli dai loro "peccati". Ammetto il pregiudizio ma quando conosco qualcuno che mi parla della propria fede comincio immediatamente a temere per la mia psiche. Mi tocco le palle per scaramanzia ma alla fine il mio sentore mi conferma la prima impressione. Detto questo non voglio generalizzare e mi auguro di essere smentito da futuri incontri di individui sanamente religiosi (un vero ossimoro!), ma so già che la mia speranza è vana. Sono così convinti delle loro idee che quasi quasi l'invidio! Ops!!!

Tra pachidermi e pappagalli

Alla problematica delle fake news il cantautore Francesco Gabbani ha dedicato una splendida canzone intitolata *Pachidermi e pappagalli*[48]. Si discute spesso dell'impatto nefasto delle notizie false sul nostro quotidiano, ma tale infausta influenza si diffonde rapidamente. Infatti discutere di fake news è diventato il cavallo di battaglia di ogni schieramento politico[49]. In vista delle prossime elezioni gran parte dei politici vogliono sconfiggere e annientare le notizie farlocche; anche quei partiti che cavalcano tali notizie e diffondono dati errati e distorti su immigrazione, lavoro, etc. Francesco Gabbani nella suddetta canzone sfata alcuni luoghi comuni e canta:

"Lo sai che tutto il mondo è chiuso in un display

Il dna dell'umanità viene da lontano

Che ogni tre respiri sciogli due ghiacciai

Il telefono ci spia, sono della CIA, il silenzio è d'oro

---

[48] La canzone è scritta da Francesco Gabbani, Luca Chiaravalli, Fabio Ilacqua e Filippo Gabbani. Il pezzo è contenuto nel terzo album in studio del cantautore di Carrara dal titolo *Magellano* uscito il 28/04/2017 per BMG Rights Management.

[49] Dispiace dirlo ma spesso le promesse elettorali sono delle fake news coi fiocchi! In campagna elettorale si promette di tutto e poi non si mantiene quasi nulla di quanto annunciato ai propri elettori.

Sai che Gandhi era un massone, i Beatles un'invenzione

E che Adolfo si è salvato, il Titanic mai affondato

Le catastrofi naturali? Tutta colpa dei Templari

Scie chimiche e marziani, rettiliani!".

Per noi contemporanei la rappresentazione del reale transita spesso attraverso uno schermo di un iPad, smartphone o pc. Il solo fatto di aver appreso una notizia da internet o dai social media legittima la sua presunta veridicità. Nel testo in questione Gabbani riassume tutte le pseudo teorie che circolano in rete ormai da diverso tempo. Qualcuno sostiene che la nostra esistenza potrebbe derivare da un dna alieno che ha dato vita alla nostra specie. Questo dna sarebbe giunto sulla terra da un meteorite o asteroide oppure creato ad hoc dai colonizzatori provenienti da altri mondi. Ovviamente queste teorie non sono al momento supportate da alcuna prova scientifica. Inoltre c'è chi mette in dubbio anche la verità storica di personaggi come Gandhi. Nonostante la palese misoginia di Gandhi[50] non si può minimamente dubitare della sua lotta pacifica per ottenere il pieno riconoscimento dei diritti civili e politici di una intera nazione, l'India. Egli si fece portavoce del principio della disobbedienza civile teorizzato da Thoreau e il suo esempio ha ispirato il mondo. Gandhi chiamò questa manifestazione non violenta *satyagraha*. Non credo nelle figure dei santi e non mi aspetto una biografia di Gandhi (come quella di altri importanti personaggi storici[51]) senza errori. Per quello esistono i fumetti con i vari eroi senza macchia. Al contempo la canzone di Gabbani fa leva sui mille sospetti che nutriamo nei confronti della tecnologia che tanto amiamo. Siamo convinti di essere super spiati e viviamo nella continua paura di essere identificati con le nostre ricerche private. I motori di ricerca e i social network carpiscono i

---

[50] Sulla figura di Gandhi sono stati scritti diversi libri che mettono in luce alcuni aspetti della sua esistenza poco conosciuti. Ad esempio apprendiamo del suo presunto razzismo nei confronti degli africani nel testo di Ashwin Desai, Goolam Vahed, *Gandhi: Stretcher -Bearer of empire*, Stanford University Press, 2015. Inoltre, nel libro di Alfred A. Knopf, *Great soul: Mahatma Gandhi and his strugge with India*, 2011 leggiamo dell'amore di Gandhi per un uomo, un culturista tedesco. Il governo indiano ha acquistato per 800mila euro le lettere fra i due amanti per non farle circolare. Gandhi nonostante il suo orientamento sessuale e sentimentale non ha fatto mai nulla per abolire le leggi omofobe che ancora oggi pesano sulle vite degli omosessuali indiani Cfr. Aldo Busi, *Bisogna avere i coglioni per prenderlo nel culo*, Mondadori, Milano 2006, p. 229.

[51] Purtroppo esistono dei miti che nel tempo sono diventati dei santi laici, cioè figure intoccabili, sacre e non criticabili. Il loro culto è simile a quello dei santi cattolici ma con la differenza sostanziale che il loro operato esula dal culto tradizionale di una religione. In quanto esseri umani la contraddizione fa parte del nostro agire e del nostro pensare, e dunque le azioni di queste figure non sono ridimensionate da determinati aspetti della loro personalità. Ovviamente non mi riferisco solo a Gandhi ma a figure storiche come Colombo, Lincoln, Kennedy, Giuseppe Garibaldi, Che Guevara, etc. Ognuno di loro deve essere studiato in modo oggettivo, e senza la costante paura di non poter criticare il loro operato.

nostri dati e purtroppo ci sono studi e teorie molto attendibili che gettano ombre inquietanti sulla tutela dei nostri dati sensibili. Sui Beatles poi circolano da anni alcune leggende metropolitane, e se ad avvalorarle ci si mette anche Ringo Star il gioco è fatto[52]. La più famosa di queste teorie afferma che Paul McCartney è morto in un incidente automobilistico nel 1966 ed è stato sostituito con un sosia, un certo William Shears Campbell. Recentemente è apparso anche un documento desecretato dalla CIA[53] in cui si sostiene che Adolf Hitler non si è mai suicidato, e nel 1955 viveva addirittura in Colombia con il nome di Adolf Schrittelmayor. Ogni due per tre si tirano in ballo i Templari. Tutti tirano il mantello dei cavalieri Templari per avvalorare le proprie ipotesi.

"Lo sai, la terra è piatta e dominata ormai

Dalle lobby gay, da banchieri ebrei, un padrone solo?

E Marilyn ed Elvis vivono alle Hawaii

Hanno aperto un bar che si chiama Star, fanno affari d'oro

L'uomo è stato già clonato, fatto a pezzi, resuscitato

Si può campare a fieno, peggio il latte del veleno!

---

[52] http://deerwaves.com/news/ringo-starr-paul-mccartney-e-morto-nel-1966-ed-e-stato-sostituito-da-un-sosia

[53] http://www.repubblica.it/esteri/2017/10/30/news/documento_cia_hitler_sudamerica-179801445/?refresh_ce

Non esiste prova alcuna dello sbarco sulla Luna

Le piramidi egiziane sono marziane!".

Gabbani con la sua sferzante ironia sottolinea come le bufale, oggi denominate fake news, dominano il dibattito pubblico. Quando non si sa più cosa dire, soprattutto in campo di diritti civili, si tira in ballo la lobby gay[54]. Idem per i banchieri ebrei o i fantomatici protocolli dei Savi di Sion[55]. Poi ci sono i believers, cioè quei fan che rifiutano la morte del proprio mito e sostengono di averlo visto vivo e vegeto in diversi angoli del mondo. Ancor più criminali coloro che asseriscono la dannosità del latte, perché sulla salute non si scherza e non si specula. Per non parlare poi di quelli che si sforzano di spiegare ai telespettatori che le piramidi egizie sono degli esempi di architettura perfetta ma non certamente di origine umana. Riguardo lo sbarco sulla luna c'è chi sostiene che

---

[54] Lo stesso papa Bergoglio ha affermato durante la Confederazione latinoamericana e dei Caraibi dei religiosi e delle religiose (Clar) tenutasi a Roma il 6 giugno 2013: "In Vaticano esiste una 'lobby gay'. Poi nel luglio 2013 durante il volo di ritorno dalla giornata mondiale della gioventù in Brasile il papa ha cambiato il tiro ed ha detto ai giornalisti: "Poi lei parlava della lobby gay. Si scrive tanto della lobby gay. Io ancora non ho trovato nessuno che mi dia la carta d'identità, in Vaticano. Dicono che ce ne siano. Ma si deve distinguere il fatto che una persona è gay dal fatto di fare una lobby. Se è lobby, tutte non sono buone. Se una persona è gay e cerca il Signore e ha buona volontà, chi sono io per giudicarla?". Per chiudere l'idilliaco ritratto ci mancava anche Ratzinger che confermava l'esistenza di una lobby gay costituita da 5 cardinali Cfr. Benedetto XVI, *Ultime conversazioni*, a cura di Peter Seewald, Garzanti, Milano 2016, p. 214.

[55] A tal proposito si consiglia la lettura dei seguenti romanzi di Umberto Eco: *Il cimitero di Praga*, 2010 e *Numero Zero*, 2015 editi da Bompiani.

l'allunaggio trasmesso in tv non era reale ma fu girato in uno studio di posa da un giovane Stanley Kubrick per nascondere che la missione Apollo 11 fu tutta una montatura.

"E a questa nostra nuova religione

Un giorno proveremo a dargli un nome

A questo immenso canto a luci spente

Dove tutto è eterno e dura poco più di niente".

La nuova religione di cui parla Gabbani è proprio quella dei tuttologi da salotto, quegli imbonitori che producono nuove credenze soltanto per avere un proprio tornaconto personale. Complottisti e allarmisti che desiderano fomentare la paura delle masse per vendergli una mercanzia già scaduta. Una fede che promette l'eternità delle proprie teorie ma invece dura meno di un battito di ciglia. In fondo le fake news si diffondono con rapidità e vengono sostituite immediatamente con altre bufale ancor peggiori delle prime. Complici i social media chiunque oggi può dare vita a questo flusso ininterrotto di notizie tendenziose. In tutto questo caos di disinformazione, dietrologia, vigliaccheria e ignoranza esistono, per dirla con Gabbani, due punti fermi: i Pachidermi e i pappagalli. Questa ironica soluzione ci fa comprendere che se si vuole essere davvero informati occorre avere la solida certezza della fonte (i pachidermi) da verificare più volte ed evitare, invece, di ripetere concetti o notizie come fanno i pappagalli.

Infine come sosteneva Philip K. Dick: "Lo strumento fondamentale per la manipolazione della realtà è la manipolazione delle parole. Se puoi controllare il significato delle parole, puoi controllare le persone che devono usare le parole".

Altro e altrove

Adesso che siete arrivati alla fine del libro posso confessarvi una cosa. Talvolta penso di esser nato per sbaglio sul pianeta terra. Per un fortuito destino alcune divinità cosmiche mi destinarono su un pianeta apparentemente affascinante ma indietro anni luce dal mio luogo d'origine. Questo luogo si trova oltre l'Iperuranio e oltre l'arcobaleno, e lì regna l'intelligenza suprema. Questa è la sensazione che mi accompagna fin dalla nascita. Una sensazione ben descritta da Luca Madonia nella canzone cantata in coppia con Franco Battiato *L'Alieno*[56]. Come il protagonista della canzone anch'io sono una sorta di alieno per i miei simili e loro sono estranei al mio modo di vedere le cose. Nel testo leggiamo:

"Vago per la strada

in cerca di occasioni nuove

ma non mi basta mai quello che

vedo passo tra gli odori

e tra gli umori della gente

che mi sfiora indifferente

---

[56] Testo e musica di Luca Madonia. Dall'album omonimo *L'Alieno*, Universal music 2011.

colgo l'occasione

di una estate al mare dell'aria

un po' confusa per colpa del calore

io seguivo con lo sguardo

l'onda sulla spiaggia

che arriva sempre uguale e

tutto si ripete".

Quando osservo il comportamento dei miei simili avverto di essere altro e altrove. Non mi accontento di ciò che vedo perché nulla soddisfa la mia innata curiosità. Forse a livello inconscio sono un convinto zeticista come Brisone di Eraclea o Gustave Flaubert, ma mi sento sempre più come un piccolo extraterrestre rinchiuso in una scatola che reclama libertà. Non sono indifferente alle cose ma la mia essenza fatica a relazionarsi alle anime dei miei simili. Li osservo con distacco, o almeno ci provo ma avverto solo le loro insicurezze mentre fingono di non averle. Tutto è un eterno ritorno e se ho scelto la filosofia è soltanto perché in compagnia dei filosofi mi sento a mio agio. Con loro non devo fingere di essere ciò che non sono perché "Penso e dunque sono!". Non voglio rinnegare nulla della mia vita ma ciononostante quando parlo con gli altri mi accorgo del divario che ci separa. Loro tendono sempre a trattarmi come un forestiero che ha smarrito la strada di casa. Forse hanno intuito che sono un alieno e dunque vogliono rispedirmi al mio paese d'origine. Così fanno gli umani con altri umani che provengono da realtà geografiche diverse dalla loro. Dicono sempre che bisogna aiutarli, ma a casa loro.

"Io vivo nei panni di un alieno

che non vola

che non mi assomiglia ma

io vivo ai margini

di una vita vera

e non mi riconosco".

Se mi guardo con gli occhi dei miei consimili non mi riconosco nelle loro percezioni. Gran parte di essi decide di seguire tradizioni familiari che non mi appartengono. Ritengono un dovere adempiere ai riti tribali di una civiltà evoluta ma ancora saldamente ancorata a vecchi stereotipi culturali. Se non mi adeguo sono destinato a vivere ai margini di una vita vera. Io amo intensamente ed è forse questo che li spaventa. Il mio amore non conosce giudizio o colpa. Non comprendo il significato di peccato perché vivere significa dare corpo alla nostra storia infinita. Mi accosto al mondo senza preconcetti perché adoro ascoltare e imparare, ma forse per alcuni di loro è troppo. Non temo i giudizi della gente perché sono solo delle formulazioni logiche dettate dall'impatto con la realtà dell'altro. Al contempo sono ipersensibile e rischio continuamente di ferirmi anche con un semplice e innocuo foglio di carta. Mi ferisce la cattiveria della gente. Quella spavalderia che spinge gli umani a protestare il loro dissenso dietro una tastiera di un computer. Troppo livore non aiuta nessuno. Da quando sono nato penso che se una cosa non ti piace puoi sempre procedere oltre. Detesti l'opera di un certo scrittore? Non leggerlo più. Non ti piace la musica di quel cantante? Smetti per una buona volta di ascoltarlo. Insomma, invece di perdere tempo vitale a vomitare il tuo disgusto su tutto e tutti prova a cambiare il mondo. Scendi in campo e scrivi un libro che entusiasmerà il tuo ego e forse quello di altri lettori. Scrivi una partitura musicale degna di nota o dipingi un quadro che influenzerà il mondo. Agisci invece di criticare e forse succederà qualcosa di buono nella tua vita. Mi spaventa chi presume di sapere tutto e non si concede mai uno spazio vuoto per cambiare idea. Conoscere significa oltrepassare le certezze per spingersi in un territorio sconosciuto. Ciò che non si conosce in principio fa paura ma con il tempo impari a familiarizzare con ogni forma di diversità, o per meglio dire di alterità. Quando impari spalanchi le porte alla Conoscenza. La sua forza è dirompente proprio come quella del vento. Non si può avere paura del Sapere ed è forse per questo che:

"Io vivo nei panni di un alieno

che non vola

che non mi assomiglia ma

io vivo ai margini

di una vita vera

e non mi riconosco".

Anima Mundi

L'Anima Mundi regna incontrastata e sovrana nelle remote segrete del nostro essere. Vive dispersa in cunicoli reconditi il cui accesso è vietato anche ad un attento speleologo. L'Anima mundi è sempre là; un po' troppo spostata in avanti e un po' troppo spostata indietro. L'Anima Mundi regna nei luoghi del non essere, oltre i vincoli del tempo e dello spazio. Forse basterebbe tacere qualche istante per ritornare ad ascoltare la saggezza infinita del cosmo, e in quell'istante di transizione percepire la voce vitale dell'Anima del mondo.

Cenni biografici

Cristian A. Porcino Ferrara è un filosofo, scrittore, critico letterario, pittore e musicofilo. Ha pubblicato, tra gli altri: *Diabolus. Seminario di Letteratura Busiana (2006)*, *Pensieri sparsi su Dio, Ratzinger e la Chiesa (2007)*, *I cantautori e la filosofia da Battiato a Zero (2008)*, *Un'altra vita (2012)*, *Chiedi di lui 2.0 Ancora un viaggio nell'universo musicale di Renato Zero* (con D. Tuscano) (2016), *Tutta colpa del whisky (2015)*, *Born too late to a world too old* (edito da America Star Books e distribuito in Usa, Canada, Inghilterra) (2014) e *Canzoni contro l'omofobia e la violenza sulle donne (2016)*. Quest'ultimo ha ricevuto l'apprezzamento del Presidente della Repubblica e il plauso della senatrice Monica Cirinnà.

Indice

*"**Altro e altrove**"* di Cristian A. Porcino Ferrara © 2018

www.ingramcontent.com/pod-product-compliance
Lightning Source LLC
Chambersburg PA
CBHW060511290526

45791CB00001B/355